# HAVANA

NANCY STOUT AND JORGE RIGAU

# La Habana

RIZZOLI
NEW YORK

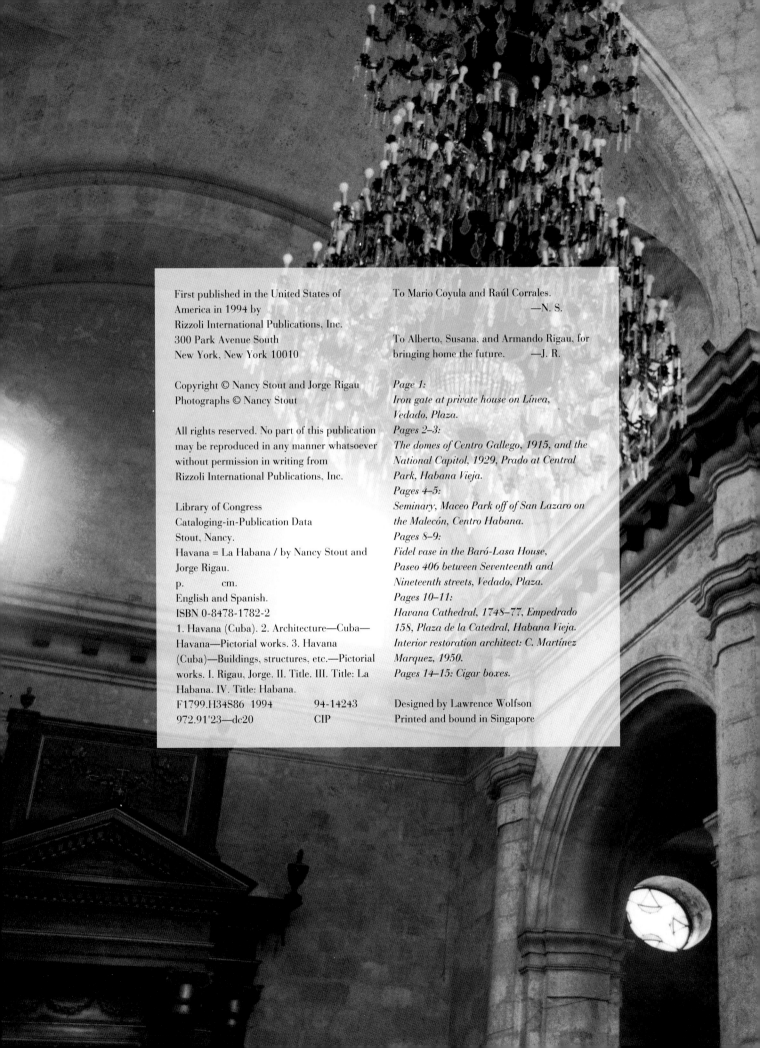

First published in the United States of
America in 1994 by
Rizzoli International Publications, Inc.
300 Park Avenue South
New York, New York 10010

Library of Congress
Cataloging-in-Publication Data
Stout, Nancy.
Havana = La Habana / by Nancy Stout and
Jorge Rigau.
p.      cm.
English and Spanish.
ISBN 0-8478-1782-2
1. Havana (Cuba). 2. Architecture—Cuba—
Havana—Pictorial works. 3. Havana
(Cuba)—Buildings, structures, etc.—Pictorial
works. I. Rigau, Jorge. II. Title. III. Title: La
Habana. IV. Title: Habana.
F1799.H34S86  1994          94-14243
972.91'23—dc20              CIP

To Mario Coyula and Raúl Corrales.
                              —N. S.

To Alberto, Susana, and Armando Rigau, for
bringing home the future.      —J. R.

*Page 1:*
*Iron gate at private house on Línea,*
*Vedado, Plaza.*
*Pages 2–3:*
*The domes of Centro Gallego, 1915, and the*
*National Capitol, 1929, Prado at Central*
*Park, Habana Vieja.*
*Pages 4–5:*
*Seminary, Maceo Park off of San Lazaro on*
*the Malecón, Centro Habana.*
*Pages 8–9:*
*Fidel vase in the Baró-Lasa House,*
*Paseo 406 between Seventeenth and*
*Nineteenth streets, Vedado, Plaza.*
*Pages 10–11:*
*Havana Cathedral, 1748–77, Empedrado*
*158, Plaza de la Catedral, Habana Vieja.*
*Interior restoration architect: C. Martínez*
*Marquez, 1950.*
*Pages 14–15: Cigar boxes.*

Designed by Lawrence Wolfson
Printed and bound in Singapore

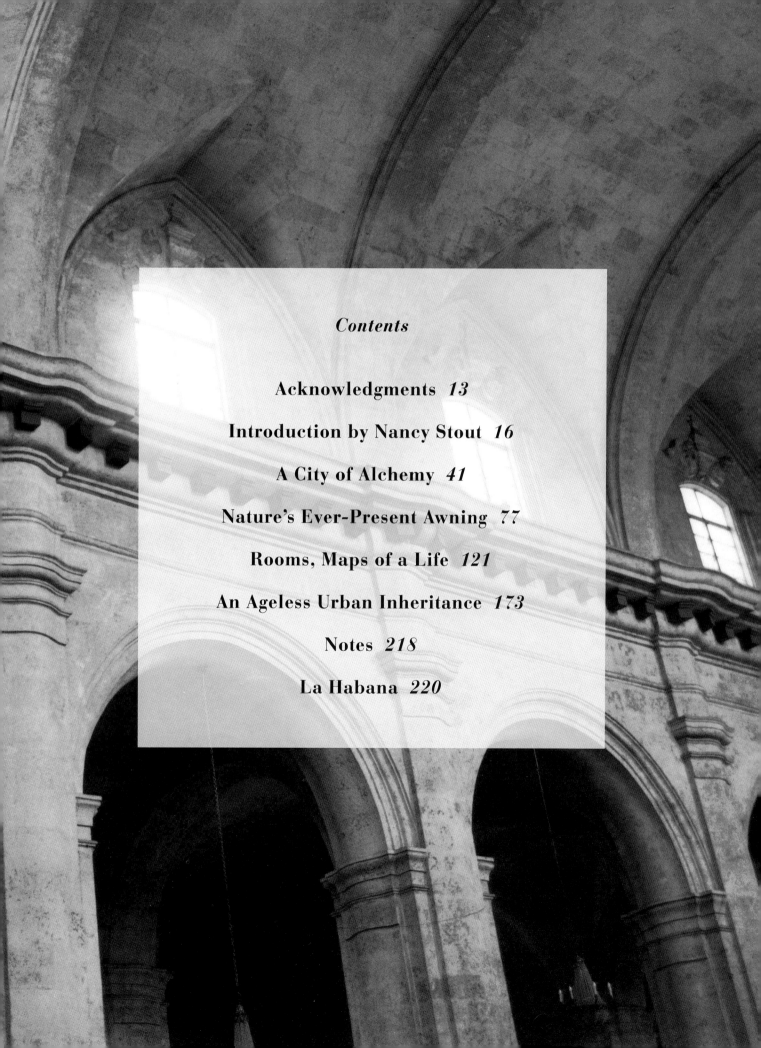

# Contents

Acknowledgments *13*

Introduction by Nancy Stout *16*

A City of Alchemy *41*

Nature's Ever-Present Awning *77*

Rooms, Maps of a Life *121*

An Ageless Urban Inheritance *173*

Notes *218*

La Habana *220*

*Living room, Izrada Bode house,*
*J Street 459 between Twenty-first and Twenty-third streets, Vedado, Plaza.*

Acknowledgments

For two years Jorge Rigau and I shared enthusiasm for Havana while putting together this book. We offer you a documentation of a particular place at a particular time but acknowledge other sources: in literature, the writings of Alejo Carpentier, José Lezama Lima, Guillermo Cabrera Infante, Edmundo Desnoes, Miguel Barnet, Reinaldo Arenas, Oscar Hijuelos, and John Sayles; in cinema, *Memories of Underdevelopment*, *Death of a Bureaucrat*, and *Fresa y Chocolate* by Tomás Gutiérrez Alea, who used day-to-day life in 1960s Havana to reflect upon the city before and after the revolution; in architectural history, books by Joaquín Weiss, the fine research of María Elena Martín Zequeira, and conversations with Rafael Sierra; in photography, the work of the American Walker Evans, who documented Havana in 1933 during a period of severe economic crisis, and the contemporary Cubans Raul Corrales, Alberto Korda, and José Alberto Figueroa; and in the Cuban music, both filtered and pure, that tempered our responses to the place itself and may have magnified our intense observation.

If you enjoy this book you must join me in thanking the participants. In Cuba these included urban planners Mario Coyula and Gina Rey of Grupo para el Desarrollo Integral de la Capital; architects María Elena Martín Zequeira and Eduardo Luis Rodríguez of Guía Arquitectónica, Ciudad de La Habana, Emilio Castro, who designed the Latinoamericano and Panamericano stadiums, Carlos Venegas, Emma Álvarez-Tabío Albo, Roberto Segre, and Lohania Aruca; Jorge Tabío, who taught me the streets of Havana and found precious gasoline day after day; photographers Raul Corrales, Alberto Korda, José Figueroa, and Juan Hung González; in the Cuban government, Pablo Diez, Depto. EE.UU. Minesterior Relaciones Exteriores; Menno san Hilten, UNDP, who took me to the Fourth of July party at the U.S. Residency; A. L. Coltman, British ambassador to Cuba; David G. Morrison of the Canadian Embassy; cinematographer Tomás Gutiérrez Alea; film critic Jesús Vega; and friends Luis Manuel García, Armando Pastore, and Mario Acosta.

Participants in the United States were Sandra Levinson, director, and Jerome Nichol, librarian, of the Center for Cuban Studies, New York City; Gustavo Suárez and the late Nicholas King of the Foreign Press Center, New York City; Hugo Yedra, Cuban Interests Section, Washington, D.C.; Alberto Caputo and Mike Amoruso of Lexington Labs, Pat MacFarlane of Olympus America, and Michael Rubin of The Educational Alliance, New York City, for their photographic support; David Morton, Andrea Monfried, and Jen Bilik of Rizzoli; designer Larry Wolfson; architects Byron Bell and Constance Torborg; writers Ian Williams and Karl Garson; and long-standing friends Marjorie Hornblower Bauer, Carole Bergman, Ronald Warren, Erik Hanson, Luis Acosta, and William Pollak.

*—Nancy Stout, 1994*

Introduction

With this book we share with you the endurance of a great city. Although it touches on the city's public buildings and landscape, at heart it is about neighborhoods and houses. Havana and her people are at a special moment in their history, and so we chose to look beyond the landmarks. They will always be there, we hope. As Jorge Rigau writes, "In Havana . . . we are allowed to come to terms with this legacy, and eager as we are to acknowledge the city's old, historic center—and its important colonial architecture—that is but one of several key dramatis personae in Cuba's urban drama." So we have turned our eyes away from the Spanish fortresses, palaces, convents, and churches. We do not polish the jewels of Havana's tourist trade but instead show you this moment through her popular landmarks. They are the domestic monuments: houses and gardens, gas stations, cinemas, cemeteries, and the ever-present Havana barber shop. We also show you the *habanero* pastimes: music, sports, politics, and sitting by the sea. But most of all, we want you to feel the air and see the trees, and enjoy with us Havana's many fascinating neighborhoods.

*The Prado gas station, Prado and Capdevila, Habana Vieja.*

*The Karl Marx Cinema (formerly the Charlie Chaplin Cinema), First Avenue, Miramar, Playa.*

*Opposite: Staircase, Concordia 418, Centro Habana.*

Havana is edged by the sea. All the major avenues seem to flow toward or along the water. The sea can be viewed from most streets since the city is surprisingly hilly: La Rampa climbs from the sea to suburban El Vedado; Paseo del Prado gently leads from the coast up to the old capitol and Parque Central (Central Park); across the harbor, Casablanca rises steeply from the sea; and Diez de Octubre is a road that winds south as it climbs to the Church Jesús del Monte (page 57), a high point overlooking the city. The air is clear, since no matter how high the temperature a constant sea breeze keeps the air fresh and the insects away. Most buildings have high shuttered windows to accept the breeze while their deep verandas and arcades create shade. This natural air-conditioning

*The University of Havana, 1905–40,*
*L Street between San Rafael and 27 de Noviembre, Vedado, Plaza.*

*The National Capitol (currently the library of the Academy of Sciences), 1929,*
*Prado between San José and Dragones, Habana Vieja.*
*Architects: Raul Otero, Govantes y Cabarrocas, José M. Bens Arrarte,*
*Eugenio Rayneri Piedra, and others. Landscape architect: Jean-Claude Nicolas Forestier.*

compensates for the scarcity of electrical equipment. There is no subliminal hum of air conditioners, and few cars are on the streets: as a result the city is quiet.

*Street in Casablanca, Municipio Regla.*

Havana, like all good cities, is a collection of neighborhoods. The oldest, La Habana Vieja, Regla, and Guanabacoa, date from the sixteenth and seventeenth centuries. Casablanca, the fishing village across the harbor, and Centro Habana, the first residential area beyond the Spanish forts and city walls, are largely from the eighteenth century. Diez de Octubre and Cerro, two neighborhoods that emanate from major roads leading out of the city, date from the nineteenth century. The district called Plaza de la Revolución is a mixture of nineteenth- and twentieth-century neighborhoods. Its residential section, El Vedado, forms the modern heart of the city. The area around Quinta Avenida (Fifth Avenue; pages 110–11), known as Miramar and located in the Playa district, is now primarily a diplomatic enclave. Quinta Avenida is a beautiful street that parallels the sea, runs past the old Havana Yacht Club, and flows into another road that leads to glamorous Cubanacán and, to the west, to the seaside village of Santa Fe. Inland from the sea lies the old hill village of La Víbora and the more modern Marianao.

Cubans tell me that post-revolution Havana society is made up of three groups: those who could afford to leave and chose not to do so; those who could not afford to leave but wanted to; and those who never considered the matter. The reward of staying is one's own house. Many of the single-family homes, some quite large, remain untouched. No one seems to have been required to billet outsiders, even though housing is distinctly difficult to obtain and few new units have been built in recent years. Houses are often pointed out as belonging to people who had plenty of money, could have left, and decided to stay. *Habaneros* are proud of those who stayed. They are the new aristocrats, a group that includes many of the old ones as well. It seems impossible to discuss Havana for very long without introducing politics. But discussing how and where Cubans live is a study in heartache since there are over one million expatriates living in the United States—roughly half from Havana—who decided to leave but in doing so complicated their chances of ever going home again. Each of the groups has close relatives, now distant, which keeps the issue fresh, the wounds unhealed.

Discussing Havana with older Americans can be disturbing. So much of the conversation depends on memories and is stimulated by bitterness. Before the Cuban Missile Crisis in 1961, which effectively closed the country to United States citizens, Americans had reveled in the glamorous capital, which flaunted its decadence, its casinos, large hotels, prostitutes (mulattas preferably), night-clubs, big cigars, and exceptionally fine rum. Apparently our ancestors had high hopes for Havana, hopes that it would reach the status of Las Vegas, its succes-sor. They now assert, in all confidence, that Havana is finished, that without vice and casinos (and the Mafia, which is never mentioned), it has nothing to offer, nothing to return for.

*Living room, Rodolfo ("Fofi") Fernandez apartment, C Street 712 between Zapata and Twenty-ninth streets, Vedado, Plaza. Architect: Mario Romañach.*

Should the older Americans return to Havana, their first reaction would probably be recognition, the recognition of enemies encountered after thirty-five years. In the city, as though it were a person, they would see a little paunch, some gray hair, lines on the forehead, comfortable and maybe even slightly out-of-date clothes. Their next reaction would probably be relief, for is it not human nature to like reconciliation? No doubt the third reaction would be the recollection of

*Afro-Cuban religious items from the collection of Rodolfo ("Fofi") Fernandez.*

*Café Paris, Obispo Street, Habana Vieja.*

*Opposite:*
*San Ignacio from O'Reilly Street looking at the arcade*
*of the Marques de Aguas Claras House, 1751–75, Habana Vieja.*

*Pages 24–25*
*La Osteria restaurant, San Lazaro and Infanta streets, Centro Habana.*

*The Sandino barbershop,*
*Plaza de Armas, Habana Vieja.*

*Grupo Salsa Latina band,*
*playing in a community building on Hospital Street, Centro Habana.*

some old argument, remembered, nonetheless, in order to save face. But later, perhaps over rum, generosity would come forth. And pride. Pride that the city looks so good, a private pleasure in its toughness, even a little familial pride that it is, like them, a good survivor. And, finally, a recognition that age and tenacity are becoming, actually very beautiful. And maybe, yes maybe, a tactful concession that there are two sides to the story.

I wondered how the country's politics would affect the visual landscape. There are very few billboards. There is nothing to sell, except encouragement. Messages from Fidel are written here and there; photographs of Che Guevara are lovingly kept in offices and houses; images of José Antonio Echeverría, Julio Antonio Mella, and Camilo Cienfuegos appear on anniversaries. On the other hand, there are statues of José Martí everywhere, mostly as garden ornaments, not unlike the madonnas in suburban American neighborhoods. The oversized statue of Lenin in Lenin Park is a relic of the Russian period and looks a little outdated. There are small memorials to mark the sites where people were killed during the days of the revolution. I was always taken by surprise, for these might appear suddenly underfoot, in a curbstone, or near my shoulder, in a building wall. This is a city that honors its dead; its cemeteries are the most beautiful imaginable. The Cementerio de Colón and the Chinese Cemetery are miniature cities of the dead, with avenues and streets lined by mausoleums. The Jewish Cemetery has a beautiful setting on a high hill above Guanabacoa.

*The University of Havana.*

Back in the living city, lovers sit facing the sea on the Malecón wall, music teasingly drifts out of doors and windows as bands rehearse in every neighborhood, and *habaneros* practice one of their new slogans: *el deporte es el derecho*

*Malecón sea wall, Centro Habana.*

*del pueblo,* "sports are the right of the people." While Havana has fine stadiums, it is surprising how few neighborhood basketball courts, baseball diamonds, and running tracks exist in such a sports-mad society. People tell me that sports have always been played in the streets of Havana. For baseball, the four corners of any intersection serve as bases, with the pitcher in the center. So many problems were caused by street games—deaths and serious injuries as well as gridlock—that playing in this manner was banned by the government during one of its cultural overhauls. Recently, however, with the shortage of gasoline and lack of serious traffic in the streets, the old pastimes are beginning to reappear.

I was interested in the churches. Would they be open and used as houses of worship? They are. Not only are churches, synagogues, and convents open, but there is also an active interest in the Afro-Cuban religion, *santeria,* especially among the young. It is not unusual to find offerings in the form of strips of colored fabric, sea shells, or pieces of chicken in cemeteries, outside the railroad station, and on the sea wall.

I was curious about buildings constructed after 1961, and in this post-revolutionary society found the Escuela Nacional de Arte, built in 1965, on the golf course of the Country Club. (Membership in the Country Club for daughter Milly, you may recall, was Wormold's undoing in Graham Greene's *Our Man in Havana.*) The United States Residency (right bottom) is located nearby. It is a piece of architecture largely unknown to Americans that was originally built for Franklin Delano Roosevelt as a possible retirement home. Now it is the official residence of the chief of the United States Interests Section. In El Vedado, the ice-cream parlor Coppelia (page 113 bottom), built in 1966, covers a city block.

*José Martí Sports Park, 1961, Malecón and G Street, Vedado, Plaza. Architect: Octavio Buigas.*

*Latinoamericano Stadium, 1946, 1971, 20 de Mayo and Pedroso, Cerro. Architect: Emilio Castro.*

*United States Residency, Cubanacán.*

*A Chinese man in a doorway, Centro Habana.*

*Opposite:*
*Chinese Cinema/Theater, Zanja and Rayo, Centro Habana.*

*Pages 32–33*
*Chinese store, Zanja and Manrique, Centro Habana.*

*El Floridita restaurant, Obispo 557, Habana Vieja. Restored in 1992. It was the favorite restaurant of Ernest Hemingway.*

*Restaurant at Twenty-third and Twelfth streets, Vedado, Plaza.*

It is completely surrounded by trees, and *habaneros* line up to buy ice cream all day, every day. And at night, its dark entrances are the meeting places for lovers.

Restaurants and cafés are either closed, or open for only a few hours each day. (The Floridita is an exception, of course, because it caters to the tourist trade.) A small crowd huddles expectantly in front of these restaurants at least one-half hour before the doors open. There is the Restaurante El Conejito, of 1966, where everything on the menu is made of rabbit. This restaurant survived the food shortages well.

And, unbelievable as it might seem, groups of about twenty people come together to build their own apartment buildings (page 158 middle and bottom). They work evenings and weekends under the tutelage of volunteer architects. I found a few examples of handsome and serviceable housing, but I also saw twenty years of trial-and-error Soviet prototypes that everyone admits are failures.

It is a wary society. Tunnels, to be used as shelters, are being built everywhere. They are mostly hidden, but one can see them in the limestone cliffs that line some of the streets and ravines in Havana. It is sad to behold this kind of construction. And because of such wariness, it was not easy to photograph in Havana. Although the Ministry of Foreign Affairs encouraged me to photograph anything, I was asked for my credentials by whoever seemed to be in charge of each building. I could not anticipate who this might be, as it differed from building to building. At the Hospital de Maternidad Obrera (Workers' Maternity Hospital; page 195), I was asked to wait until the presiding surgeon finished an operation, came to meet me, and invited me to proceed. This kind of delay could happen a dozen times a day. Sometimes I had to wait for letters to be written between one bureaucracy and another. These always started with "Greetings in the thirty-fourth year of the triumph of the revolution" and then gave permission. Usually I gained authorization for a particular day and time only to find that there was an electricity blackout and the building was in total darkness. But in general *habaneros* were amused and pleased that I wanted to photograph their city and their homes. They worried about me, too, since crime is on the rise. One day my camera was, as one Cuban put it, "finally stolen."

Style and determination are essential elements of the city. Gasoline rationing has reduced the number of private cars and buses, but Havana women still wear high heels even knowing that they may have to walk home. *Habaneros* are proud of their pets, who must be comrades during food shortages, eating what the family eats. I was introduced to a cat who eats only rice. Music is the underlying current of the city. Havana nights, after days of fierce sun, are filled with people in the streets and on the Malecón. I would go out, thankful to leave my camera in the hotel. There were so few cars that everybody walked in the middle of the streets, and so few lighted streetlamps that walking there was necessary. During the city-wide Bolero Festival I saw movies about Benny Moré and other icons of Cuban music projected onto a building wall, a perfect venue under the circumstances. Cubans still put on a big show. On stage at the Mella Theater were a grand and an electric piano, a drum set and congas, trumpets and flutes, saxophones and trombones. Each section was on its own riser, of a different height. Some were high, as though they floated on clouds, with only the singer, Elena Burke, and the bongos anchoring the floor of the stage. It was magnificent. The entire theater was filled, and parents brought their children. At the National Theater

*This page and opposite:*
*A doorway, draped with pelicans, at an apartment building,*
*Mercaderes 267, Habana Vieja.*

*The Higiene Moderna* solar.
*Omoa Este, Cerro.*

there were two shows, with devotees of tango, bolero, and salsa upstairs in the theater, and a cabaret attended by young *habaneros* in a huge lounge below.

*Cine Arenal, Forty-first Avenue between Thirtieth and Thirty-fourth streets, Playa.*

The people of Havana are fully aware of their beautiful buildings and are very interested in preservation. At the moment Cuban architectural historians do not have the paper to publish their lists of landmarks, which, for instance, consist of as many fine examples of art deco architecture as can be found in Miami, as well as a surprising collection of art nouveau houses and apartment buildings. These are in addition to the exquisite colonial buildings—convents, cathedrals, plazas, and palaces—that have been written about and discussed for years. Money always goes to preserving the oldest—and sometimes the most conventional— examples first. Meanwhile, art nouveau structures, now almost one hundred years old, are quietly sinking into ruin.

*Cine Astral, Infanta and San Jose, Centro Habana.*

This book will show you my Havana favorites. Like a botanist, I collected speci- mens and brought them home. Jorge Rigau and I exchanged our findings with glee, curiosity, authority, and pleasure, competing, sometimes, for the praise of the other. Our Havana counterparts were surprised by some of our interests but were unfailingly generous and encouraging. And in the end, every place included in this book has touched us in some way. We have been dutiful in our survey, but operated from a deeper curiosity and edited from our hearts. We always returned to the life of the people. As Rigau writes, "In Havana domestic space reads like the nation's résumé: of eclectic background and bearing; sometimes seduced by the avant-garde . . . lured by the tropical milieu and uplifted by modernity; but in the end, unable to relinquish history."

*Hospital Clinica Quirurgico, between Diez de Octubre and Vía Blanca, Diez de Octubre.*

Nancy Stout, *New York, 1994*

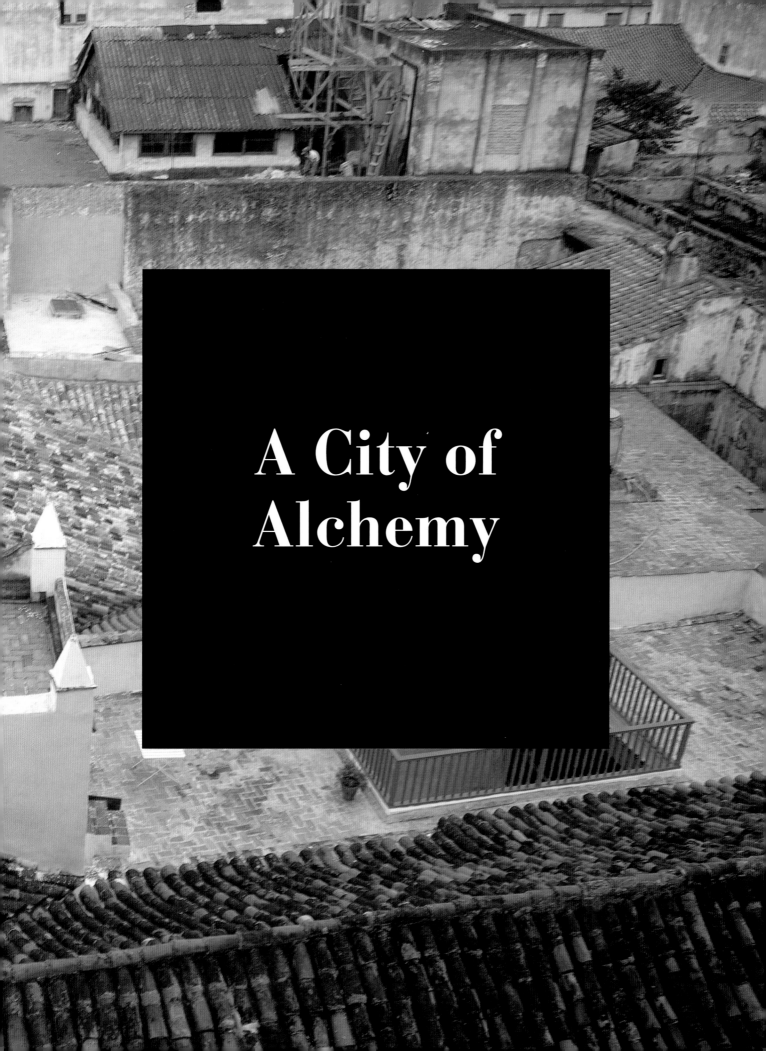

# A City of Alchemy

Geography triumphs in cities whose name alone bespeaks a location. Take Rome and Paris. A single mention precludes the need for added explanations. Any suffix would in fact be redundant—unless, of course, the distant relatives Rome, New York, or Paris, Texas, were the localities being addressed. Land does not always become place, particularly when the plurality of shared names clouds identities: Spain and Argentina both boast their Córdoba; California and Costa Rica jointly claim a San José; and several countries honor Santiago (de Chile, de Compostela, de Cali, de los Caballeros, de Cuba). Toponymy, however, has granted us only one Havana.

Throughout the centuries, Cuba has known as many names as personalities. Christopher Columbus first named the island Juana, and sailors who docked on her shores after him dubbed its capital-to-be el Puerto de Carenas.[1] The Spanish crown called the city San Cristóbal de La Habana and later renamed the whole country La Fernandina, after King Ferdinand the Catholic. History has thus autographed Cuban geography with multiple epithets: that of a woman, a harbor, a saint, a monarch, and probably, at the beginning of it all, in honor of a native ruler, himself called Habaguanex. As many people honored in names, as many features to Havana's face.

Diversity characterizes Cuba, as early travelers to the island affirmed repeatedly. They were among the first of many chroniclers to realize that explanations about how land and people come together in the largest of the Antilles prove to be elusive when they attempt to be all-inclusive. The legacy of these chroniclers never ceases to expand our understanding of the Cuban nation, even if their writings were not initially aimed at elucidating Cuban culture. Those born and

*Opposite:*
*Cardenas Street, Habana Vieja.*

*Pages 40–41:*
*Rooftops, from Hotel Ambos Mundos,*
*Habana Vieja.*

*Wall paintings by the artist Salvador Gonzalez, Hamell*
*at Aramburu, Centro Habana.*

*Opposite:*
*Patio and interior, the National Ballet of Cuba, Calzada and E Street, Vedado, Plaza.*
*Alicia Alonso is the founder and director.*

raised on the island (or within its culture) are better equipped for succeeding at such an ambition. This book, however, is linked to that earlier, centuries-old tradition of travel chronicles: it aims to translate the landscape and language of a city from a visitor's point of view, in this case, from the perspective of a Puerto Rican architect and an American photographer.

How cities are construed is as important as how they are constructed; making others understand them is a way of sharing and honoring their urban heritage. For such purposes, words and images have been combined in this text and made to benefit one another. This pairing of visual and descriptive resources is no coincidence. First published almost a quarter of a century ago, Alejo Carpentier's *La ciudad de las columnas*, with accompanying photographs by Paolo Gasparini, proved to be an inspiration for this text. To this day, the words and images in "The City of Columns" remain an indispensable introduction to the poetry inherent in Havana as the city of cities in the Antilles, that unique Caribbean location where the region's inheritance comes fully together. This amazing confluence is a feat for which explanations are still lacking.

Antonyms usually applied to describe the complexities of an urban milieu prove insufficient for the Cuban capital. Phrases like *old and new*, *past and present*, *tradition and modernity* accurately describe most cities but fail to make evident how streets, spaces, and buildings in the largest of the West Indies have come to be identified, unmistakably, as Havanan, *habaneros*, or Havanese. Puerto Rico's Old San Juan, even if better preserved, elicits nostalgia for small-town charm but never the excitement of a metropolis. Santo Domingo, in the Dominican Republic, enjoys a larger urban scale but lacks the turn-of-the-century exuberance that, at a specific point in time, granted cities a distinct, distinguished architectural profile. Among the three capital cities in the Spanish-speaking Antilles, La Habana remains the preeminent and, as such, the object of both popular and scholarly attention. Cuba's extended bibliography is prodigal on themes related to urban life: early building efforts and fortifications; the presence and influence of blacks in the land; African religion and rhythms; native music, particularly *el son*, as a predominant cultural expression.[2] In spite of their significance to Cuban heritage, these subjects do not receive extensive attention in this text. The reasons for these omissions and selections are varied, and pertain to the particulars of my four visits to Havana between 1988 and 1992: I was motivated by the desire to verify the existence (and nature) of what no archival research could have helped an architect imagine. But more of that later.

*Cinema América, ca. 1937, Galiano 267 between Neptuno and Concordia, Centro Habana. Architects: Martinez and Rojas.*

On every trip, the lore of Cuban music escaped me. Indeed, strolling through many of Havana's neighborhoods, I listened to the incessant music from radios and cassettes, but most of them played Dominican, Mexican, and Spanish— and often American—songs and singers. The effort to keep up with the times seemed to have consigned native music to hotels and tourist-oriented places, where its allure was greatly diminished by the artificial circumstances. Neither melodies of folklore nor those of revolution were evident to me as I explored the streets of La Habana. The sounds of Celia Cruz (*salsa*'s doyenne) and of the earthy duets of Celina y Reutilio were absent. For that matter, also missing were the voices of Sylvio Rodríguez and Pablo Milanés of the *Nueva Trova* (or "New Song" wave), who seemed always to be elsewhere, whether in person or recordings. In my recollection of Havana's homes in the late 1980s and early 1990s, the Dominican *merengues* play louder and more often than any

47

*guaracha* or protest song. It was, however, quite pleasing to find that, in the Caribbean, music still binds neighboring countries so that they constitute an archipelago of traded tunes. To this day, no one can grant *la danza*, *el merengue*, or *la salsa* a single, undisputed origin.[3] After all, albeit unwillingly, *el Caribe* has always been a land of traded peoples.

In Cuba, the legacy of Africa is pivotal to the island's urban culture. Cubans of European descent, a minority for centuries, feared slave takeovers during colonial times, which fostered extended cruelty to black labor and delayed abolition. A large turn-of-the-century migration from northern Spain did not significantly alter the prevailing ethnic ratio, but did make skin-color differences more obvious. Endogamy characterized the behavior of most of these late immigrants —and social and economic opportunities continued to be the privilege of the upper class—so blacks and whites remained, despite some overlapping, separate cultures sharing an island.

To this day, acknowledgment of the long-lasting impact of black heritage in Cuba has not altered a centuries-old tradition on the island: humor inspired by race. At their worst, ethnic jokes externalize a deeply ingrained prejudice; at their best, they celebrate the melting-pot nature of the Caribbean. In Havana, black culture enriches daily life most unexpectedly: the sudden sounds of an impromptu gathering of professional musicians in a neighborhood community room; an energy-charged, open-air dance rehearsal; a game of basketball in the street; the promotion of boxing and boxers; the sacred chantings of *santería*, a religion where African and Christian beliefs come uneasily together. Even if today a large contingent of Cubans practices *santería*, the particularities of their beliefs escape the uninformed in Havana. The profuse, shrinelike offerings in the private homes of *santeros* fail to communicate to the uninitiated. Seeds, beads, flowers, vases, and candles of the most diverse origin are gathered at these altars to honor deities from whom favors are being requested. Collectors chase these items with fascination (page 21 bottom), but subtler meanings escape us: anthropology is less evident than architecture.

After all, the layperson's knowledge of a city is primarily inspired by its buildings and public places. Few people concern themselves with the specific historical events and cultural influences responsible for shaping their world. Although integral to the urban experience, these processes cannot be fully grasped by walking around the built environment. They might be perceived intuitively, even *sensed*, but not everyone is fully cognizant of their origin, extent, and impact. As a result, architecture often carries the burden of the urban message. Streets, plazas, parks—but also houses—are eloquent statements about the ways in which different nations appropriate space. In the Caribbean, as in all regions, the nature of such appropriation requires clarification.

In the Spanish-speaking Antilles, institutional buildings of a public or monumental nature have always mirrored imported metropolitan models: capitols, churches, and theaters in Cuba, Puerto Rico, and the Dominican Republic all share very specific imagery borrowed from comparable structures in Europe and the United States. It is difficult to ascertain each island's architectural identity in these buildings, conceived as they were to serve colonial expectations, not to challenge them. While the structures are impressive, one cannot help but recoil from extended praise of Havana's capitol (page 19) or of its much-photographed

*Africa House, Obrapia 147, Habana Vieja. The Afro-Cuban dance group is Oriki. Director and choreographer: Felix Insua.*

*A boxing match at Gymnasium Kid Chocolate, Prado 515 between San José and Teniente Rey, Habana Vieja. Architect: Maria Catalina Hernandez.*

*Wall paintings by the artist Salvador Gonzalez, Hamell at Aramburu.*

*A man in a doorway along Obispo between Mercaderes and San Ignacio, Habana Vieja.*

*Opposite:*
*Entrance to the Palacio de los Matrimonios (formerly the Casino Español, a Cuban social club), 1914,*
*Prado and Animas, Habana Vieja. Architect: Luis Dediot.*

*Pages 52–53:*
*Angel Hill, near the Santo Angel Custodio Church, Compostela and Cuarteles Square, Habana Vieja. Cirilo Villaverde, a nineteenth-century*
*Cuban novelist, set* Cecilia Valdes, *the story of a mulatto girl and a white aristocrat who find out that they are sister and brother after falling in*
*love, on Angel Hill. It is one of the best-known Cuban novels and the basis for Reinaldo Arenas's* Graveyard of the Angels *of 1987.*

presidential palace (pages 66–67): their design is rooted, in spirit, form, and decor, in the achievements of a foreign culture. Those of us interested in building expressions more closely related to the Antilles are more effectively seduced by the region's residential architecture. Houses, after all, are more true to life than any monument or public building can ever be. Throughout time in the West Indies, homes have provided ample room for experimentation with and transformation of imported spatial ideas.

In Cuba, for example—in La Habana Vieja, but also in Cárdenas, Matanzas, and other cities—many Spanish-colonial houses include not one but a pair of small courtyards. This configuration constitutes a unique variation on the single-patio residence characteristic of many of Latin America's oldest, most important cities. It was typical of Cuban builders not only to provide homes with two patios, but also to locate the dining-room area between the patios, parallel to the street. This spatial arrangement—called *obra cruzada* (literally, "transverse construction")—endowed the first patio with a more formal character, while relegating service functions to the patio at a greater distance from the street. This second patio, or *traspatio* (often smaller than the main one), could be used by household employees for laundry, cleaning, and food service. The flow of movement from sidewalk to first and second patios in Cuban houses is unique in the Caribbean. Other islands, of course, claim their own particular dwelling types, but they are all different from the two-patio scheme so popular in the Greater of the Antilles.

Ironically, this type of recurrence has not been addressed as a theme by most of Cuba's architectural and urban historians. They are more apt to concentrate on stylistic influences and the derivative nature of ornamentation, rather than on their culture's common architectural (that is, spatial) denominators. Fascinated with cultural origins, these historians have preferred to indulge in the subjects of Indian settlements, the Laws of the Indies, fortifications and walled systems, and civic and religious structures. Their backward glance is usually framed within extensive descriptions and documentation. Style deluded them, and so what is true to their culture, to a great extent, eluded them.

To that effect, Joaquín Weiss's *La arquitectura colonial cubana*, Cuba's preeminent text on Havana's early architectural efforts, could today be reread as a text on Spanish influences, rather than as a testament to Cuban achievements. Not that it could have been otherwise. In the early decades of the twentieth century, Latin American intellectuals repeatedly validated their built heritage based on comparisons to the Old World, and Weiss, in keeping with the times, assumed filiation to be sufficient clarification.[4] Adjectives like baroque, neochurrigueresque, and Andalusian—in spite of their imprecise, yet frequent application— were imported to dignify Caribbean architecture. But in the end, buildings so labeled had been inaccurately endowed with a distant coat of arms. This sort of "elsewhere-centered" cultural explanation has always stopped short of indigenous validation. How, then, is it possible to account for that which defies being traced back, the particular expression that subverts genealogy? Insistence on the colonial experience and the rebounding nature of architectural style in the Caribbean has not provided all the needed answers, nor has it stimulated an appreciation of the region's built inheritance. In Havana, however, we are allowed to come to terms with this legacy, and eager as we are to acknowledge the city's old, historic center—and its important colonial architecture—that is but one of several key dramatis personae in Cuba's urban drama.

*Church Jesús del Monte, 1870, Marques de La Torre 279, Diez de Octubre.*

*Opposite:*
*Compostela Street, from the Santo Angel Custodio Church, Habana Vieja.*

*Pages 58–59:*
*Entrance gate, Ermita del Potosi, 1675, Calzada de Guanabacoa and Potosi, Guanabacoa.*

As a result, our focus shifts from Havana's childhood to its more mature stage of development: the period we have come to call "the turn of the century," in lieu of a more succinct term. Historians, after all, must concede their predilections, and mine pertain to the transformations that La Habana was subjected to during the late nineteenth century and the early decades of the twentieth. Analysis and criticism of this period comprise extensive investigative efforts that have, in recent years, yielded an appreciation of previously neglected, historically significant architecture.[5] It is no stretch of the truth to state that the cities we know, love, and remember as such are basically turn-of-the-century creations, be they in Europe, America, or the *Caribe Hispano*.

In the four decades between 1890 and 1930 (with the expected exceptions all chronologies entail), the Hispanic Caribbean underwent changes unlike any experienced before. In Cuba, Puerto Rico, and the Dominican Republic, technological progress and urban life challenged centuries-old rural housing practices. Against an international background of import-export economies and the growing power of the United States, an important sugar boom developed. Commerce expanded, and so did cities and their ports. The reign of a new bourgeois class occurred simultaneously with internal and external migrations which, paired with a significant increase in population, changed the face of most settlements. Cities became denser, their perimeters enlarged by *ensanches* (grid extensions), and they incorporated civic spaces, public works, and multifamily housing. *Paseos*, boulevards, and parks proliferated. Theaters, market structures, and *casinos*[6] complemented the new urban landscape, sharply contrasting with the spare, austere bearing that characterized most early colonial nuclei.

60

In that sense, it always seems difficult to reconcile the spatial richness of turn-of-the-century Havana with the simplicity inherent in its colonial architecture (page 64). Though not completely devoid of ambition, the latter can never be divested of the poetics pertinent to all early efforts. Consider the subliminal allure of structures like Havana's seventeenth-century Ermita del Potosi in Guanabacoa, a small-scale church surrounded by a fence, whose walls bespeak the human faith that withstands time, while jointly celebrating the pursuit of beauty at its humblest (pages 58–59). A comparable building effort, like the Iglesia de Jesús del Monte (page 57), could be judged equally attractive but never so eloquent. Of later construction, this church proves less engaging than the one at Guanabacoa, probably because of its more ostentatious decorative friezes and the overbearing tower. Odd proportioning betrays human pretensions at Jesús del Monte; none of that boastful self-importance is present at Guanabacoa. A specific style betrays the former; nonspecificity of expression grants timelessness to the latter. The more unassuming church seems perfectly attuned to human scale. And its symmetrical, free-standing portico—always perceived against the asymmetrical courtyard facade—is suggestive of contradictions inherent in human nature, in spite of the nobility of its religious aspirations. Did the designer or builder will it so? In the end, it is of no consequence. Original intentions are in fact superseded (or complemented) by subsequent interpretations. Endowed with different meanings over time, buildings thus extend their life through fecundity.

The perennial interest in Cuba's Spanish-colonial legacy is also motivated by highly idiosyncratic national leitmotifs, reiterated in early displays of architectural taste. Among various building details, stained or colored glass and *techos de alfarjes* (wood-beam ceilings) deserve more than passing mention. Featured

*Pages 62–63:*
*Casino Español.*

*Parra House (currently Restaurant Hanoi), seventeenth century, Bernaza 202, corner of Teniente Rey, Habana Vieja.*

extensively around Havana, tinted glass chromatically enriches the nature of light filtered through doors and windows, especially through their transoms (page 45). Fairly large in size, semicircular but often in the shape of a fan or basket-handle arch, Cuban transoms render large expanses of glass into scintillating, vivid mosaics. The strength of light in the tropics is effectively supplemented by consistently preferred brilliant hues; use of naphthol red, prussian blue, and hansa yellow customarily precludes any subtlety in tone. Attracting the eyes unabashedly, Havana's stained-glass transoms have been described by Alejo Carpentier as "interpreters to the sun," domesticating light, breaking it, imposing an "import duty" on it, "as glass plays customhouse" to the brightest of luminaries.[7]

Haunted by the endless display of columns so unique to Havana, both Carpentier and Gasparini seem oblivious to another distinctively Cuban, equally popular architectural element: the *techos de alfarjes* which, through the combination of parallel and angled beams, provide additional spatial definition for interiors covered by pitched roofs. These ceilings appear in residential and institutional buildings, effective for both the small scale of a house and the more expansive area of a church.[8] In addition to their structural, roof-supporting role, *alfarjes* facilitate a significant perceptual shift in emphasis: walls become less important than soffit, which now appears to be independent from the building while coincidentally remaining integral to the definition of the space it contains. Examples abound, but a personal favorite is the church at Regla (page 70), a settlement facing Havana across its bay—but never to be thought of as a separate location. This Catholic church is of a somewhat crude construction. The long and flat walls that define the building's only nave extend upward to reach the springing

64

line of the seemingly arched roof. The shape of the roof is the result of three beams, one straight (*el harneruelo*) and two angled (*pares* or *alfardas*). The uppermost beam is parallel to the floor, as are three sets of paired wooden beams (*tirantes*) running perpendicular to the walls. The transparent nature of this construction (visibility is possible between the beams) allows for a multilayered architectural space: both the flat-roof plane and the pitched-roof shape are allowed to coexist without canceling one another. Instead of an either/or condition, Regla offers the and/both alternative.

Contrast, after all, does not always entail conflict, as is further attested at the apse culminating the nave at Regla. The overbearing neoclassical altarpiece, of Old World inspiration, is flanked by two diminutive, comparatively meek, double doors. Scale and ornament (specifically, the fretwork at the transoms) render these doors unmistakably Caribbean, set off gracefully against the more presumptuous European neighbor.

Because Cuba easily embodies apparent contradictions, historians have had a hard time grasping some of its more vital cultural expressions in their full complexity. Diversity and overlap between periods make an urban context rich and attractive but also difficult to explain. As a consequence, this book's understanding of Havana represents only one of many ways in which Cuban culture can be appropriated; images seen through a lens represent but a segment of reality, framing, suppressing, and enlarging aspects of it at will. The fact that a country's landscape defies synthesis should not discourage its analysis, particularly when national and regional explanations pertaining to the family of the Spanish-speaking Antilles are lacking, but very much needed.

*Pages 66–67:*
*Presidential Palace (currently the Museum of the Revolution), 1920, Refugio between Zulueta and Avenida de las Misiones, Habana Vieja. Architects: Paul Belau and Carlos Maruri.*

*Pages 68–69:*
*Havana Cathedral, 1748–77, Empedrado 158, Plaza de la Catedral, Habana Vieja.*

*Nuestra Señora de Regla Church, 1811, 1818, 1874, Santuario and Maximo Gomez, Regla. Architect: Pedro Abad Villarreal.*

Although these islands are inextricably bound by language, climate, and politics, their cities seem to have been more the product of alchemy. Obsessed with emulating Europe or North America, those who conceived and shaped Caribbean settlements like San Juan, Santo Domingo de Guzmán, and San Cristóbal de La Habana in the end betrayed their original intentions—even if unwillingly—and granted the Antillean archipelago a unique urban landscape. Since early times, architects and planners in this region have worked in the manner of medieval alchemists: attempts at faithful imitation repeatedly proved futile but were eventually rewarded by unexpected findings of relevance. Caribbean cities are the children of this sort of chance chemistry.

As a result, expectations of the bourgeois and the poor have clashed but also coalesced in the imposing urban profile of a city like Havana. Life and thus architecture in the capital have always shown their extremes harshly, as in a *solar* sheltering multiple families where only one once lived, or in a private residence in Vedado, where an owner allegedly stuccoed the walls with sand from the Nile River. Houses and housing, we insist, must be credited for best exteriorizing how a nation's people live and lived, and in Cuba, how—at some point in history, crucial to the world—some left. Caribbean people know everything about coming, going, and returning.

Mexicans, Catalonians, Jews, and Chinese comprise but a few of many nationalities from Europe, the Americas, and Asia who, in the "Pearl of the Antilles," have led meaningful lives, raised families, and spread heirs through the West Indian region. Cuba's literary tradition includes a wide array of people committed to extolling Havana's broad ethnic legacy: Alejo Carpentier, José Lezama Lima,

Guillermo Cabrera Infante, and Reinaldo Arenas are some of the capital's most notable contemporary literary suitors. Carpentier celebrates merchants from China who became rich in La Habana; Lezama Lima chronicles the artists and luminaries who visited the city in the late 1940s and early 1950s; Cabrera Infante praises all Latin women; Arenas is himself victim and icon of the brazenness of contemporary Cuban youth, black and white.[9] Distinguishing traits of the Cuban personality come alive in these and other authors' testimonies: the loud personality, the driving entrepreneurial character, the voluntary dependence on tobacco, the love for jewelry and flashy clothes—all have been recorded in writing since early times.[10]

Life in Cuba, and particularly in Havana, seems to be continually captured in words, whether in books or on walls. On one of the city's many art deco buildings, graffiti that forecasted the downfall of a dictator is still preserved in praise of success at collective effort (page 74). On a fence near the university, however, names scraped on painted iron underscore the need for individuality in any human endeavor, socialism being no exception (page 75). Urban language mirrors society, and so it is integral to the spectacle Havana unfolds before visitors and inhabitants alike. On an extensively populated island like Cuba, the settlement founded in 1509–10 by Sebastián de Ocampo still reigns supreme,[11] and its built landscape knows nothing comparable in this part of the world. No wonder Cubans praise their capital by saying, *Cuba es La Habana; el resto es la Isla:* "Cuba is Havana; the rest of the island has no claim to a proper name."

*Swimmers on the Malecón sea wall, Centro Habana.*

*Pages 72–73:*
*Fence at Twelfth Street 407 between Twenty-third and Twenty-first streets, Vedado, Plaza.*

*Graffiti, "Down with the assassin Batista," ca. 1958 and carefully restored since,*
*Jovellar Street at Plaza Mella, Vedado, Plaza.*

*Opposite:*
*Graffiti on an iron fence near the University of Havana, Vedado, Plaza.*

# Nature's Ever-Present Awning

Green suits Havana. Vegetation thrives within and around the city. Wooed by forests, parks, and garden topiary—but also, and often, by wild plants and bushes—buildings rarely stand alone in the Cuban capital. Native urban literature does not eagerly acknowledge this fact, but maps make it manifest: expanses of lawn, clipped parterres, tree-shaded areas, and shrub-shielded spaces have been woven into the plan of Havana throughout the years.

Nature prematurely sealed the city's destiny, since its location met most of the obligatory requirements established by the early conquerors for settlements in the New World: sea access guaranteed ease of communication, river proximity facilitated inland transportation and provisioning, and a promontory location came in handy for defense. San Juan de Puerto Rico and Santo Domingo de Guzmán met such criteria—as did Havana. The subsequent development of all three cities, moreover, bears strong parallels. Upon recognizing the ideal geographical conditions of these locations, the Spaniards immediately set out plans for their protection. Executing them would entail centuries of building effort.

Europeans expert in military affairs were brought in to design impressive fortifications, developed according to Renaissance ideas and ideals.[12] Walls were built to enclose these pioneer cities perched on hills, protecting them from attacks originating from both land and sea. In the following years, the self-centered mentality of islanders was further accentuated by the isolation imposed by life within walled enclaves. In Cuba, the quarter of the capital that was originally fenced in is known as La Habana Vieja (today the added suffix is more an acknowledgment of respect than of old age).

*Opposite:*
*Eighth Street between Fifth and Third avenues, Miramar, Playa.*

*Pages 76–77:*
*Entrance drive to the Tropicana nightclub, 1939, 1951, Seventy-second Street 4505 between Forty-third Street and Linea, Marianao. Architects: Max Borges and Felix Candela (1951).*

*Pages 80–81:*
*Interior courtyard, Conde de Jaruco House (currently a cultural center), 1737, Muralla 111–117, Plaza Vieja, Habana Vieja. Restored in 1979.*

*Pages 82–83:*
*Entrance to the Palacio del Segundo Cabo (Palace of the Second-in-Command), ca. 1722, O'Reilly 4, Plaza de Armas, Habana Vieja. Architects: Agustin Crame y Silvestre Abarca.*

*Pages 84–85:*
*Entrance to Las Ruinas restaurant, 1971, Lenin Park, One-hundredth Street, Arroyo Naranjo. Architect: Joaquín Galvan.*

How much of Cuba's landscape was integral to colonial urbanism in its early days? Probably more than we have been led to believe. Colonial cities, today transformed into "historic centers," are not reliable witnesses. Old stone and bare space are now the object of reverence, with most references to nature as an urban complement customarily cast aside. This omission is not without consequence. In Santo Domingo, restored streets cannot claim to have been successfully restored to life. In Old San Juan, patios without shade are but a shadow of what their daily life originally entailed. Attempts to recapture history frequently end by misrepresenting it.

It is impossible, however, to conceive of Caribbean cities—at any point in time—without greenery and foliage, particularly La Habana. At the heart of the colonial city—in striking contrast to its Dominican and Puerto Rican counterparts—nature has been ushered in with fanfare. Undaunted by Spain's preference for barren, hard-surfaced open spaces, Havana's Plaza de Armas is carpeted in green (left top), unlike the neighboring Plaza de la Catedral (pages 68–69). Grass, palms, trees, and flowers grace this extended emerald quilt whose boundaries embrace the landscaped courtyard of the facing Palacio de los Capitanes Generales. The official seat of government for colonial rulers until 1898, the palace has a sparsely paved patio, where lush vegetation seems in control. A freestanding statue of Christopher Columbus is the single reminder of the built surroundings, for the enveloping building is upstaged by the nature contained within it. From certain points of view, the many encircling stone columns appear to be disguised. Because their shafts are proportionally similar to palm-tree trunks, the columns are successfully camouflaged amid profuse planting. At the Palacio de los Capitanes Generales, Columbus's alleged first encounter with Cuba has been

*Plaza de Armas, 1582, 1776, 1935, O'Reilly, Obispo, Caratillo, and Tacon, Habana Vieja. Architects: Govantes y Cabarrocas and Emilio Vasconcelos (1935). Statue of Carlos Manuel de Cespedes, 1955. Sculptor: Sergio Lopez Mesa.*

*Patio interior, Don Mateo Pedroso House (currently Palacio de la Artesania), 1780, Cuba 64, Habana Vieja.*

frozen in time. Branches coated by leaves and capped by flowers frame in poetic

replay that earliest of instances in which geography prompted the discoverer to

declare the island the most beautiful land anyone had laid eyes upon.

Patios overflowing with vegetation are most characteristic of Old Havana (pages

80–81): they enjoy added protection from light and rain but, most important, are

endowed with a human scale that buildings in stone often lack. All around

Cuba's capital, architecture is embroidered by planting that grants Havana its

distinctly tropical urban profile. Palm trees are everywhere. They prove most

effective for enhancing verticality where the horizontal prevails, whether paired

and aligned at the entrance of the Hotel Nacional (right top), or even when just a

few of them make an appearance at one of the city's many plazas. Often

grouped, palms are attentive followers of José Martí at Parque Central (right

bottom), endorse Abraham Lincoln's ideals at Parque de la Fraternidad (page

100), and wait for Lenin's smile at the park that bears his name (page 101).

Beautiful as objects of contemplation, *palmae* metaphorically, if not modestly,

ground Caribbean ambitions. As counterpoints to statuary (and buildings) of

European-classical inspiration, palm leaves are a quiet reminder of the Antillean

lands' true identity, one that has too often been betrayed by inappropriate efforts

to emulate other nations.

Imitation nurtured by conceit often becomes an act of reinterpretation. The

process is most familiar to Caribbean cities and is best expounded by Havana's

Paseo del Prado, Cuba's urban icon par excellence. Formerly named la Alameda

de Extramuros—and more recently Paseo Martí—this tree-shaded promenade

starts at Parque Central, carves its way between city blocks, and swathes its

*Hotel Nacional, 1930, O and Twenty-first streets, Vedado, Plaza. Architects: McKim, Mead and White.*

*Parque Central, 1877, 1960, Zulueta, Prado, Neptuno, and San Jose, Habana Vieja. Architect: Eugenio Batista (1960). Statue of José Martí, 1904. Sculptor: Jose Vilalta de Saavedra.*

*Pages 88–89: Centro Gallego (currently the National Theater), 1915, Prado 452–458, Habana Vieja. Architect: Paul Belau. Sculptor: Giuseppe Moretti. The lampposts of Campo de Marte are in the foreground, and the tower of Centro Asturiano, built in 1928, in the distance.*

*Pages 90–91: View from the roof of the Palacio del Segundo Cabo, Habana Vieja. From left to right are the Don Giovanni restaurant, the Morro Castle and entrance to the harbor (in the distance), and the bell tower of the Castillo de la Real Fuerza (Castle of the Royal Force), 1632.*

*Pages 92–93: Apartment buildings along the Malecón sea wall, Centro Habana.*

*View down the length of Paseo del Prado, from Neptune to the Malecón sea wall, 1772, 1928, Habana Vieja. Built in 1772 and called la Alameda de Extramuros, and renovated in 1928, the Prado appears much the same today. It has strong landmarks at both ends: the lighthouse of Morro Castle across Havana's harbor and the greenery of Parque Central with the dome of the capitol.*

route in green (left). El Prado was inspired by the *paseos* built in Barcelona at the turn of the century as part of the Spanish city's *Ensanche* programs. While the appropriation of the Catalonian model is self-evident in Havana's Prado, parallels end at the somewhat reduced scale of the promenade and its surrounding, heterogeneous buildings that are both old and new; the exuberance of the integrated vegetation; and the unexpected crowning of the pedestrian sequence with a view of El Morro fort, on axis across the bay. Linking the urban heart of Havana with the ocean, Paseo del Prado binds culture to context. Even though the promenade is in disrepair and now lacks some of its once-luxuriant trees, Cubans to this day concede with emotion their special predilection for the Paseo, its name shortened for easy reference but weighted by affection. Spanning two centuries, el Prado also bridges a nation's memories. Generations may be alienated by time, that juggler of tradition and transformation, but heirs to a common urban setting can always rejoice together at the recollection of a once-shared landscape. For land, consigned to words, becomes a language.

Inhabitants of Havana attest to this transformation. For them, a *malecón* is more than merely a sea wall, even if the term makes specific reference to the break-water built along the northern edge of their city, starting where Paseo del Prado ends. In spite of its drawbacks—being edged by a six-lane highway and paving that is only briefly attractive, the unfortunate lack of trees or benches, and occasional punishment by high waves—the Malecón remains Havana's most celebrated urban piece. Here land and water meet defiantly—and Cubans have never refrained from enjoying its spectacle. Curving from east to west, the Malecón allows pedestrians to see their city displayed against the sea (pages 92–93). For events, festivals, carnivals, a stroll, a swim, or a pensive moment, Havanese consistently flock—and have done so for many years—to their breakwater. In the Caribbean, an open sky seems to have been, for centuries, the best shelter.

As a result, the Malecón is Havana's hub of activity. Coral reefs provide impromptu pools, which the less daring appreciate from the edge, drink in hand, friend at side. Hotels line the skirting sea, unwillingly acknowledging the water's presence, but forced to do so periodically, whenever sand has to be swept out of ballrooms. And buildings wreathe the Malecón with ample balconies and porched arcades; their highly ornamented facades—swanky, but free from any architectural bias—welcome children, visitors, and neighbors for a chat or a domino game. Both literally and symbolically, the Malecón is the datum against which Cuban life unfolds. Only a statue seems uncomfortable in its premises: as the Malecón extends west, an isolated monument honors the memory of Antonio Maceo (right bottom), the nineteenth-century pro-independence Cuban fighter, inexplicably depicting him riding away from the sea. In the end, as Cubans know, it is to no avail, for in Havana, water is inescapable.

The sea has always been their object of wonder and source of discomfort. The gold of Mexico and Peru, plundered by Spain, made its way into Havana by the same waters that had continually impelled pirates to pilfer the settlement. From the sea blow the yearly trade winds and, not infrequently, the hurricanes. And only ninety wet miles stand between Cuba and the United States. For two centuries now, it has been bitterly debated whether so insignificant a distance can be blamed for both binding and distancing two countries. Not that Cubans and Americans can never agree: common denominators to both cultures are plentiful, with Ernest Hemingway among the most engaging.

*Concession stand along the Malecón sea wall, Centro Habana.*

*Maceo Park and statue, 1916, Malecón, Belascoain, San Lazaro, and Marina, Centro Habana. Sculptor: Domenico Boni.*

*Pavilion on Quinta Avenida*
*between Twenty-fourth and Twenty-sixth streets, Miramar, Playa.*

*Opposite:*
*Fountain sculpture at the entrance to the Tropicana nightclub*
*(formerly at the Gran Casino Nacional). Sculptor: Rita Longa.*

*Pages 98–99:*
*Plaza de la Catedral, seventeenth century, San Ignacio and Empedrado,*
*Habana Vieja.*

*Lenin Park, One-hundredth Street, Arroyo Naranjo.*

*Opposite:*
*Lincoln statue, Parque de la Fraternidad, 1928, Dragones, Industria, Reina, and Prado, Habana Vieja.*
*Architect: Cesar Guerra. This park was built in 1892 on the old Campo de Marte,*
*the military drill square, to commemorate the fourth centennial of the discovery of America, and was*
*redesigned in 1928 to celebrate the sixth Pan-American Conference. There are busts of several important*
*leaders, like Simon Bolivar and Benito Juarez.*

*Pages 102–3: Cementerio de Colón, 1871, Zapata and Twelfth streets, Vedado, Plaza.*
*Architects: Calixto de Loira, Eugenio Rayneri Sorrentino.*

La Milagrosa, *Cementerio de Colón.*

*Opposite:*
*Tomb of Constante Ribalaigua,*
*Cementerio de Colón.*

*Falla Bonet family tomb, Cementerio de Colón.*

*Opposite:*
*Burial marker of Antonio Maceo, Cementerio de Colón.*

Admiration and enjoyment of the Caribbean milieu prompted Hemingway to call Cuba his home, and Cubans were inspired to anoint the famous novelist the island's adopted son. As if in reciprocity, Americans to this day acknowledge their noted countryman as the official translator of the tropics. Literary vows from both sides of the Atlantic are often renewed in Havana: by acolytes visiting his home-on-the-outskirts turned museum; by traveling experts discussing or expounding his work; and by inquisitive people gazing, while drinking, at the author's signature scribbled in La Bodeguita del Medio. The rituals may also include a visit to Gregorio Fuentes (left), the seaman, still living, with whom Hemingway fished. He is a most deserving heir of another man's allure.

Havana, after all, is largely dominated by the deceased, whose rule in the Cuban capital extends both in time and space. *Santería* followers are not alone in honoring the dead—long-departed national heroes and leaders have always been quoted by public figures (even at times to serve opposing ideals) and have been granted the same resting place: the unusually large Cementerio de Colón, which in size and riches is peerless as a metaphor for cemetery-as-city (pages 102–3). Necropolis and city coexist in collage, the former being distinctly featured on Havana's map as a tessellated precinct. Angled in relation to the surrounding city blocks, the Cementerio de Colón echoes old Roman town planning, with two hierarchical, perpendicular streets generating an organizing, checkered pattern. The resulting sixteen rectangular *insulae* act as trays for the most remarkable funerary architecture of the Caribbean, including the tomb of the designer of the cemetery's singularly imposing entrance gate. His name was Calixto de Loira, and he was among the first to enter and remain in these burial grounds.

*Gregorio Fuentes at his home in Cojimar.*

Rising south of Vedado, the westernmost residential sector of Havana, the Cementerio's arched gate accurately depicts death: it is both a door and a wall, startling as limit, attractive as frontier. Passing through one of the entrance's three openings, one finds that an urban skyline of reduced scale opens, with a chapel culminating an axis flanked by carefully trimmed trees. The view is framed *en coulisse*, as in a painting, by a monument to victims of an explosion at a hardware store in Old Havana and a mirroring palm tree. The two opposing yet comparable vertical elements enhance the relevance of the facade nearby. Balance, not symmetry, seems to be most akin to the Cuban spirit.

And stylistic consistency is of no concern. In the Cementerio de Colón, mausoleums of all kinds only grudgingly conform to the repetitive grouping alongside shaded walkways, for eclecticism is the key to cosmetics here. The desire to encompass all trends and traditions, as embraced by the turn-of-the-century Cuban bourgeois, turned graveyards into Capuan communities. Competition for social status and public prominence among the elite infused all buildings—including tombs—with cosmopolitan aspirations, a desire to encompass all countries and cultures, and the confidence to do so.[13] Appropriating the most varied languages possible, cemeteries became a catalog of grafted art, juxtaposing early and late Gothic (page 104), nouveau and classical, tradition and the moderne.

But both egotists and egalitarians have had to strike a truce in the Colón cemetery. Chosen as final abode by the bourgeoisie, it has also played host to patriots, rebels, and revolutionaries. A former mausoleum, the grave honoring eight students shot down by colonial powers in 1871 survives 120 years later as a monument. Its truncated column is a nineteenth-century iconographic convention

*Pages 110–11:*
*Quinta Avenida, ca. 1920, Miramar,*
*Playa. Architect: George H. Duncan.*

for life cut short and, as such, is reappropriated at the burial place of General Antonio Maceo (page 107). This great black leader is an unlikely companion to the vanity pursued in the surrounding tombs. Death bites all, goes the saying: *La muerte todo lo muerde*.

Gloom, however, does not fit Havana's necropolis, as clear blue skies, bright yellow light, and timidly improvised floral offerings become daily gifts of color. Poppies, hibiscus, bougainvillaea, and other cut flowers are the most common choices, particularly for women intent on pleasing *La Milagrosa*. This image of "the miraculous one"—a mother holding a child and a cross—is the cemetery's most popular grave, object of both reverence and superstition (page 105). Childless women pray to this figure in marble, hoping for a pregnancy. It is believed that no one should turn his or her back when retreating from the tomb.

Nature is Cementerio de Colón's leitmotif of repose. Palms swaying against the clouds greatly enhance the burial grounds' profile, but topiary commands the space. Trees cut into spirals and shrubs clipped into bell shapes are not uncommon next to graves, and also adorn other locations around Havana. Quinta Avenida (Fifth Avenue), a densely landscaped boulevard extending several blocks across Miramar, is one of these, encapsulating a central pedestrian walkway within high walls of sculpted greenery (pages 110–11). In the ever-blooming Cuban capital, foliage sustains the surreal, as top hats and bells become familiar urban/natural features and a frangible wall of chlorophyll keeps native vegetation and ideology away from the parterre of politics. How else can one deconstruct the encircling hedges of the gardens at the United States Residency in Havana (right middle)? This kind of ornamental gardening is, in Cuba, an ongoing tradition.

The unrestrained abundance of nature on the island must have inspired artists to become deft with pruning shears. Fronded walls and ceilings of foliage are common in Havana, as a leisurely promenade along Paseo attests. Here, as elsewhere around the city, branches jump fences and tree crowns effectively screen the weather. Not to be confused with its eponym, Paseo del Prado, the heavily wooded, somewhat younger Paseo is literally Vedado's backbone, a linear park longer than La Habana Vieja, flanked by two avenues which are considered one. Although always a dense urban center, Havana has never been reticent about vegetation, equally satiating parks, paths, and parkways with green. Whether by foresight or by prestidigitation, the city has also succeeded in preserving unadulterated land: at el bosque de La Habana, the forest feeding the Almendares riverside, the landscape can still be enjoyed in an untouched state. Trees here seem eager to be bigger, as urbanism is humbled and eventually made silent. Immersed in Havana's forest, it is difficult to forget that Nature was once a deity.

*Soccer players on the Avenida de los Presidentes, Vedado, Plaza.*

*United States Residency, Cubanacán.*

South of these woods, Eden is ensconced. Known to Cubans as Los jardines de la Tropical (page 115 middle and bottom, page 118 middle), the grounds that were once used by a local brewery for promotional purposes represent, in the Caribbean, the subversion of the city by the natural world.[14] The human paradisiacal pursuits of recreation and contemplation are fulfilled at La Tropical like nowhere else in the region. Almond trees, genip, and ficus are plentiful along the many shaded paths, even if palm species seem to have once claimed botanical ownership of these gardens. Interspersed around twelve and a half acres, important amenities include bars, watchtowers, gazebos, and a chapel, but also roofed terraces, pergolas, built-in bleachers, a pigeon house, and the expected support facilities. A three-story structure named the Castle sports interiors of oriental

*Entrance to the Coppelia ice-cream parlor, 1966, Twenty-third, Twenty-first, K, and L streets, Vedado, Plaza. Architect: Mario Girona.*

derivation, including glazed-tile wainscots and geometrically patterned walls. Patrons of Tropical beer were encouraged to hold outings and host picnics and parties on the parklike premises, lured by the offer of a free first round of drinks. *Empanadas de pollo*, *ensaimadas*, and *mallorcas* were among the favored delicacies from Spain that would enliven fairs, dances, and birthdays here.[15]

Developed between 1904 and 1910, the gardens were sponsored and built by representatives of the Spanish community residing in Havana. Spaniards exerted considerable commercial control, influencing social mores and modes; the impact of both their investment capital and craftsmanship is what makes La Tropical unique. Evocative of Gaudí's Parque Güell in Barcelona—but less evidently a product of *modernisme*[16]—the architecture that complements the natural setting at los jardines was conceived and erected by the Catalonians who were established in Cuba as the twentieth century was ushered in. Picturesque imagination—tradition fueled by scientific achievement—rendered a vegetable kingdom in concrete: columns were faked to become trunks, beams lightened to simulate branches, railings made to resemble logs, and hard surfaces textured as bark.

With nature as ever-present awning, architecture is reduced to purfle at La Tropical; at its more contemporary rendition, El Tropicana (right top, page 118 top and bottom, page 119), it is almost made invisible. The world-famous Cuban nightclub's main offering is not unlike the brewery's: an open platform tented by trees. Doubly animated by *habaneros* and visitors seeking a taste of Cuban culture, the Tropicana is synonymous with sensual pleasure, a fact contradicted by neither history nor context. While La Tropical offers passive, bucolic gratification of the senses, El Tropicana is a promise to excite them: one goes to the former with one's parents, to the latter with a lover. At the turn-of-the-century picnic gardens, architecture is undecided about whether to mimic or mock its setting: tree stumps, mushrooms, and vines in ferroconcrete—juxtaposed with their real counterparts—are the embodiment of irony. At the cabaret, in comparison, architecture more proudly contrasts with its background. Nostalgia sets in as one wanders through the Cuban setting, reminiscent of a park in Barcelona; El Tropicana, on the other hand, offers distraction to the point of alienation. The past feeds the former; the present is the only concern at the latter. It could be no other way, for La Tropical is, ultimately, a European concoction, while El Tropicana's lure owes much to the Caribbean context.

*Entrance to the Tropicana nightclub.*

There is no doubt about the masculinity of surroundings of La Tropical, as opposed to the femininity of El Tropicana, even though in each case—grammatically—the definite article misleads about the true gender of the space. One is an irenic forest, the other an exalted jungle. Manly columns congregate to withstand weight at what was once called "Reverie Dancing Saloon" at the gardens. Elegant slenderness, however, is the trademark for Tropicana's columns, railings, palms, and furnishings. One place is eminently rural, and the other, as sparsely built as the first, is preeminently urban. The natural and architectural canopies blanketing La Tropical make the day more comfortable; the absence of a roof for the nightclub is an invitation to the ebon night. Sun and moon have chosen distinct worlds to serve nature in Havana.

*La Tropical beer gardens, 1912, Rizo and Baire, Plaza.*

*La Tropical beer gardens.*

Bacchants also acknowledge El Tropicana as a place of worship. The famous statue of the Greek maenads (page 97), modeled by Cuban sculptor Rita Longa, previously floated on the pond of the Gran Casino Nacional, but it is now

*This page and opposite:*
*Isla Japonesa, the 1830 restaurant,*
*Malecón and Twentieth Street, Vedado, Plaza.*

*Butterfly lights on the outdoor dance floor, Tropicana nightclub.*

*Shell pavilion, La Tropical beer gardens.*

*Bar, Tropicana nightclub.*

*Opposite:*
*Dance floor, Tropicana nightclub.*

anchored at the famous cabaret of Marianao. Presiding over less expansive premises, the mythological figures, it must be admitted, seem more at home: bacchants, after all, performed their wild ritual dancing honoring Dionysus at night, on wooded, secluded mountains.

Interesting in itself is the itinerancy of sculptures in the Antilles. Longa's maenads are not lone scouts. In Santo Domingo, the bust of Queen Isabel II has had to surrender two locations. Formerly in an area named Los bomberos, adjacent to Parque Independencia, it was later given a new residence next to El Alcázar, and ultimately joined the recently erected lighthouse of Columbus. In Puerto Rico, effigies of Columbus and Ponce de León once traded plazas. Statues honoring the four seasons abandoned their location at Paseo de la Princesa, outside the walls of Old San Juan, and set up house in the city's Plaza de Armas, to this day their home. Impermanence defies even marble.

In Havana, change perpetually challenges stone. As the ocean punishes the coral reefs of the Malecón, and women place their trust in a grave that may inspire new life, sculptures whimsically play musical chairs. The Cuban land seems invigorated by such duels, played out against the luxurious canvas of its natural milieu. In the Cuban capital, only one opponent contests the vehemence of vegetation. Since early years plagued by an abundance of flowers without fragrance, the city has had no choice but to entrust its architecture to scent the landscape, relying on buildings to mend Nature's single omission in Havana. Given her magnanimity at all else, she must be excused.

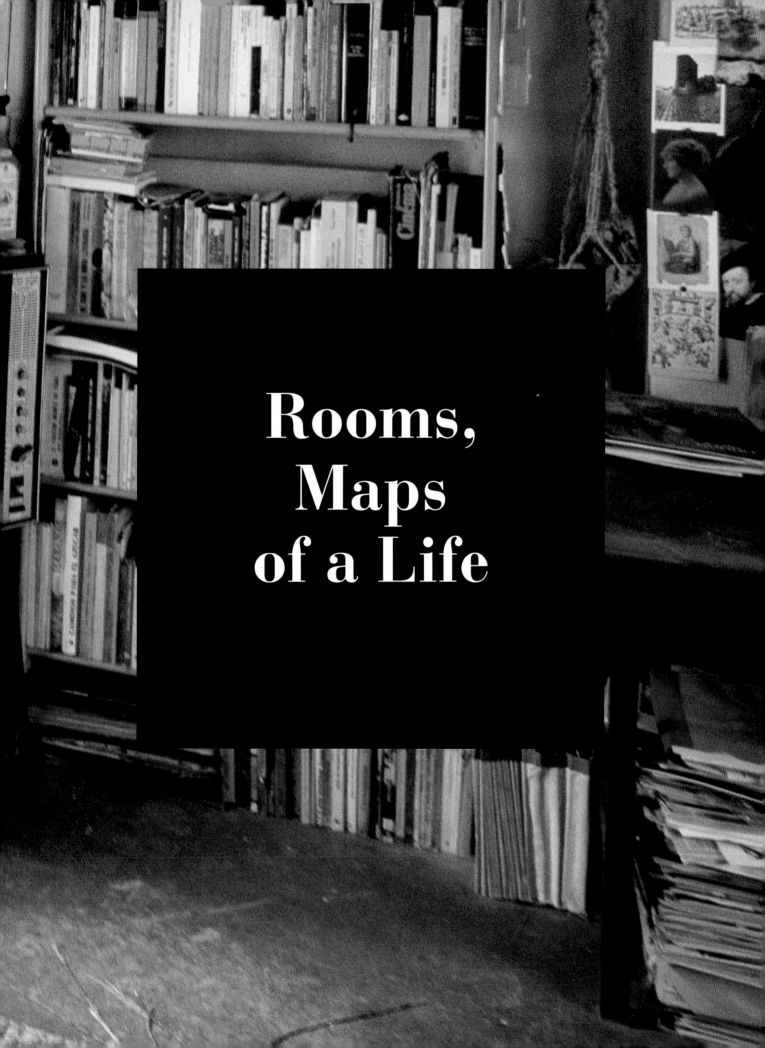

# Rooms,
# Maps
# of a Life

Grangerism is an art, not a felony—ask Antilleans. The practice of using the old in the creation of the new (as grangers used plates from older books to illustrate new ones) has become, in the Caribbean, a way of life. For centuries—and with varying degrees of success—imported images have influenced the region's local expression. Critics are often less than thrilled by this third-world, elsewhere-centered obsession. The more incisive ones, however, find it to be no anomy: creativity resorts to all founts, and in the end, its true measure of achievement is not the starting gate but the finish line. Cuban architecture is challenged by such standards.

Two parallel processes—only somewhat independent from each other—influence the character of architectural space and ornament in the Hispanic Caribbean. One assures a different urban experience to each island; the other fosters similarities between them. It is important to recognize the weight that multiple and specific economic and social conditions have had in shaping an identity for each country and, consequently, its architecture. The low population of the Dominican Republic and the shortage of natural resources in Puerto Rico during colonial times, for example, each proved catalytic in endowing the two nations with strikingly different urban profiles. In Havana, overpopulation and land speculation rendered interior spaces tighter, more slender and compact than in any other Antillean city. This is a direct reflection of the city's ever-increasing population, but certainly could not be held responsible for the Cuban capital's insistent predilection for facades and detailing of neoclassical inspiration.

To explain stylistic preferences in the West Indies, we must look at a second process operating simultaneously as countries develop, one intrinsic to architecture's

*This page:*
*Manrique 159 and Manrique 161, Centro Habana.*

*Opposite:*
*Manrique 163 and Manrique 167, Centro Habana.*

Pages 126–27:
Apartment houses, ca. 1910,
Cardenas 101, 103, and 107 at the corner of Apodaca, Habana Vieja.
Architect: Mario Rotllant.

Pages 128–29:
Interior courtyard of apartment building, Concordia 418,
Centro Habana.

development as a formal discipline. It is the process by which architectural ideas are disseminated, bypassing geographical and cultural boundaries to be ultimately responsible for—at least, on the surface—the homogeneous appearance of buildings produced in seemingly unrelated contexts. This second process provides design strategies or solutions that spread from one country to another (customarily from the first world to the third), eventually to be identified as common to more than one nation. This is how, for centuries, mainstream architectural ideals have been appropriated in societies like the Caribbean, where important structural changes in art and architecture seem to have always occurred elsewhere, and then been imported through acculturation.

In turn-of-the-century Havana, *elsewhere* enjoyed a binary definition: Europe and the United States. Continent and country infused neoclassicism in Cuba, which, without much reflection, adopted it as the "official" building dialect. The ever-expanding capital city became a laboratory for ornamental experimentation, as aliunde, ultimately imponderable decoration tested the limits of the outré. Excess in dressing—depicted by early chroniclers of Cuban culture—found its way into stone. Families relocating outside Old Havana, businesspeople, politicians, landlords, investors, and the nouveaux riches all promoted a classical idiom evocative of North American romantic-Italianate and Italian-Renaissance houses, but also reminiscent of French architecture and the beaux-arts. Particularly in El Vedado, streets were lined with two- to three-story houses, often towered, many of which had widely overhanging eaves and bracketed cornices below (right, page 123). The classical language flourished amid opulence: Ionic and Corinthian capitals, fluted and banded columns, decorative garlands, cornices, and fake bartizans, all in light-colored stone, became widely accepted

*Apartment house, San Rafael and Campanario, Centro Habana.*

130

facade revetments. Knowledge of the architectural vocabulary, however, proved insufficient for the command of its proper building grammar.

Customarily, appropriation and dissemination of an imported idiom concurrently pave the way for disregarding its canons. Chronologically and formally distant from their alleged Hellenic sources of inspiration, Havana's classical buildings were always more tropical than topical. They dispensed with established academic concerns. Elements of composition enjoyed liberation from all constraints of size, shape, and syntax. With all options considered valid, designers exercised their choice at will. Highly representative examples of art nouveau, Secession, and art deco in Havana often contradict important guiding principles of the style in its place of origin. Nouveau buildings lack the expected organic fragility (pages 126–27); Secessionist ones are less deft at manipulating mass than their Austrian variants (pages 166–67); and many good examples of the moderne lack the characteristic verticality that lends art deco its stylishness.

Not all structures adopted styles with defiance. Firms like Govantes y Cabarrocas proved highly successful in designing buildings that adhered to academic precept: the house erected under its aegis for Orestes Ferrara is, in these terms, exemplary (page 134). The home, for an Italian ex-anarchist from Naples, well served the cultural background of a man who in his youth had been a colonel in the rebel army of 1898, later presided over Cuba's House of Representatives, acted in 1928 as ambassador to Washington, and was afterward appointed foreign minister under Gerardo Machado.[17] A prominent, controversial, turn-of-the-century political figure, Ferrara modeled his residence after the Florentine palazzi.

*House (now apartments), G Street 160 at the corner of Ninth Street, Vedado, Plaza.*

*Pages 132–33:*
*House, J Street between Nineteenth and Seventeenth streets, Vedado, Plaza.*

*Orestes Ferrara house (currently Napoleonic Museum), 1928, San Miguel 1159 at the corner of Ronda, Plaza. Architects: Govantes y Cabarrocas.*

Three distinctly treated stories are not just carefully proportioned but masterfully assembled in elevation to provide an overriding impression of balance, without surrendering to symmetry. The changing nature of the perforations in the front facade enables each story to become smaller and lighter as it rises, the full volume culminating in an open galleria. With its rusticated base and pilasters, an imposing doorway, and the uppermost cornice dramatically projected as an overhang, Ferrara's residence declares its Italianate ancestry. Less traditional, however, is the segmented massing on the side elevation of the second and third floors, which are articulated to enclose an open space. Two slender, twin volumes, supported by a shared ground floor, speak of more modern, highly expressive, geometrical conceptions. Dexterity with the classical language has never precluded success in contemporary translations.

Such a conviction also nourishes Pablo González de Mendoza's house in Havana. Host in recent years to the country's British ambassador, this lavish residence boasts an indoor swimming pool in a setting suggestive of Roman architecture, yet still stubbornly Cuban (pages 136–37). In a wing affixed to the structure, water appears as in an impluvium, the cistern customarily set into the atrium of Roman dwellings to collect rain from the roofs. The open ceiling of the pool wing, on the other hand, is no mere imitation of antiquity's compluvium, where a glass roof shedded rain but welcomed the sun. Instead of the inward slope of Roman houses, the roof incline at the González de Mendoza home refers to colonial *techos de alfarjes*. The *harneruelo* section has been removed and only the angled planes—the *alfardas*—remain. The contrasting color and texture of the projecting wood members conspire to detach soffit from wall. This enhanced independence of the enclosure from the roof, assisted by the once-glassed-in vault and surrounding trellis work, reinforces the openness of a space that nevertheless remains enclosed.

Design concinnity of a less extroverted manner distinguishes the more circumspect but imposing house of Juan Pedro Baró and his wife, Catalina Lasa (right, page 138, pages 144–45). Baró made a fortune from sugar, through investments in land and loans to owners. He settled in Paris and traveled only seasonally to Cuba. His house in Havana, built shortly after the 1925 Exposition Internationale des Arts Décoratifs et Industriels Modernes was held in the French capital, is said to have introduced art deco to the island:

*On the subject of luxury, probably no other residence of the rich oligarchy compares to this one. Claiming a simple spatial conception evocative of the serene magnificence of Egyptian hypostyle halls, rare and expensive finishes best reflect the owner's claim to wealth and opulence. Exterior steps are in red marble "Languedoc" and, inside, uncommon Italian marbles were used, such as the "P. Port-Oro" and "giallo di Siena." All grillwork is in* fer forgé *by French fabricator Baguez, and all wall stucco compounded in Paris, by the Dominique establishment. Sand, it is said, was imported from the River Nile for plastering.*[18]

*Baró-Lasa house (currently Casa de la Amistad Cubana), 1927, Paseo 406 between Seventeenth and Nineteenth streets, Vedado, Plaza. Architects: Govantes y Cabarrocas.*

*Pages 136–37: Pablo González de Mendoza house (currently the British Diplomatic Residency), 1917–18, Paseo 352, Vedado, Plaza. Architects: Morales and Mata/Morales and Cía.*

Also designed by the firm Govantes y Cabarrocas, the Baró-Lasa house is austere yet elegant on the outside, insisting itself to be a palazzo, even if, on the inside, Italianisms are scarce. Some spaces—the entrance hall, the "winter garden," and a smoking room—are particularly ill-fitted: the first is overburdened by beams too wide; the second, a marginal imitation, especially in the tropics; the third, enlarged out of proportion to its function within the dwelling. Living and dining

*Baró-Lasa house.*

*Baró-Lasa house.*

areas, however, have been more carefully crafted. Classical and deco vocabularies coexist peacefully here, reinforcing one another. In the dining room, reflective surfaces render otherwise solid walls transparent, while glass and porcelain today enshrine Cuban history (pages 8–9). In the living space, traditional arches are surrounded by solid, vertical frames to enhance a succession of receding planes, while hidden sources of light create an illusory distance between ceiling, cornice, and wall. Each architectural element is granted movement; the design is overconfident in its drama. Less delirious, but nonetheless theatrical, is the garden facade of the dwelling. The basically flat, sturdy, two-story volume of the house, sprinkled with infrequent openings and capped by an accentuated cornice, is an effective contrast to the lower, waving plane of the one-story portico, crowned by a light handrail in wrought iron.

Softly sweeping curves are pregnant with meaning all over the Caribbean: they grace colonial windows in Havana, for example, and much older ones are found in Trinidad, Cuba's most important seventeenth-century settlement. Undulations enliven arciform balconies in the Dominican Republic and also command chamfered corners in Ponce, Puerto Rico's turn-of-the-century city par excellence. Throughout the ages, walls that shyly curve have persisted as icons in the Spanish-speaking Antilles; in the region, freedom of movement has always been more easily granted by the built than by the people, or by the political systems.

Neither Orestes Ferrara, nor Pablo González de Mendoza, nor Juan Pedro Baró can be considered representative of their times. Bread-and-butter architecture of upper-class *habaneros* at the dawn of the twentieth century lacked the subdued and argumentative expression of these noted Cubans' exceptional lodgings.

138

Widespread interest centered on houses of genteel gesture. Marked by excessive concern for appearances and not for adventitious decoration, buildings were expected to endorse propriety and good form. Ornament of rococo derivation—as wall *appliqué*—was espoused unabashedly. As a consequence, a large number of Havana's neighborhoods (San Carlos, Cerro, Lawton, Luyanó, Santos Suárez, Víbora, Vedado, of course, and several others) were stuffed with stucco embellishments of types and origins so diverse that Spanish has no precise names for them: *tresse, vinettes, rinceaux, guilloches,* and *anthemions* were originally appropriated from different foreign languages, but by the turn of the century they were familiar ornamental features of the exteriors and interiors of many Havana houses.[19]

*House (currently an antidiabetic center), Seventeenth Street 510 between E and D streets, Vedado, Plaza.*

Some of these residences also used spatial complexity to good effect. An exemplary internal sequence can be experienced at 510 Seventeenth Street, between E and D streets in El Vedado, a house that has been converted into an antidiabetic center (right). After approaching the house's veranda, slightly raised from the ground, and once the main door is opened, the visitor is offered an impressive perspective view of a hallway that extends almost the full depth of the structure's rectangular lot. The main spaces of the residence, like the living room, line this corridor; thus the circulation axis remains at the center, framed by columns, broken entablatures, and an arch. Beyond this Serlian motif, a skylight as wide as the hallway accentuates the progression through the space, culminating in a large, rectangular dining room, perpendicular to the access path. A frail, delicate *mampara* temporarily obscures the view, creating a pause before corridor becomes dining room (page 154).[20] Crowned by a high roof and granted continuity by a repetitive, tiled wainscot, this house's hallway is no mere

*The Hemingway Room of the Hotel Ambos Mundos,*
*Obispo and Mercaderes, Habana Vieja.*

*Opposite:*
*Solar, Eleventh Street 761 between Second Street and Paseo,*
*Vedado, Plaza.*

*This page and opposite:*
*Mario Coyula Cowley apartment, Thirteenth Street 853, Vedado, Plaza.*

*Pages 144–45: Baró-Lasa house.*

passageway, but a space claiming an identity of its own. The sequence ends beyond the dining area, in a porch where the central axis finally rests, overlooking the rear patio.[21]

Abandoned in the early sixties by the many people who fled the island for political reasons, most residential architecture in Havana—whether single- or multi-family—ultimately relinquished the domestic rituals and ceremonies for which walls were embellished and spaces carefully arranged in sequence. A new order rendered this decoration more decadent than ever. Divested of their aesthetic relevance, stucco friezes, marble steps (with sculptured newel posts at the base), rampant arches, ornate columns, and screen doors survived, primarily for their extant functionality.

In recent years, changes in the political landscape have influenced space planning as well as decoration. As slogans crowded most surfaces, architecture was forced to multiply inward. Pragmatism invaded tall rooms, for instance, forcing them to yield their height to additional sleeping quarters popularly labeled *barbacoas* (page 161). Makeshift cots or board beds supported on props, these *barbacoas* temporarily solved Havana's need to house its growing population without the expense and effort of construction. In the process of sheltering the populace in a newly created spatial level, the city was relayered horizontally.

Segmentation, after all, has always befitted Havana. In this persistently brimming capital, inhabitants have grown accustomed to the vertical fragmentation of any available space. Grand entrances facing the sidewalk customarily fool the eye: designed to match the enlarged proportions of overbearing facades, they in fact provide separate, private entrances to individual dwellings. Like most solutions of great design sensibility, this one minds both human and urban scales. With gates that double as doors and, in turn, perform as fences, Havana is never short of strategies for handling the city's many interstices. The lessons learned through years of experimenting with adequate housing for a nation are plentiful. They may well constitute Cuba's most relevant architectural legacy.

*Doorway in Casablanca, Municipio Regla.*

Ironically, the country's spatial creativity is better evidenced in cleverly resolved tenement houses than in palatial but stylistically derivative residences. Land speculation and investment in rental housing enjoyed an early start in Havana.[22] As early as the 1880s, a pioneering construction-training program included a course on building types, including the tenement houses known as *casas de recindad*.[23] Prevailing codes identified them as structures that provided separate dwellings for three or more families who shared several services, spaces, or facilities (bathrooms, kitchens, laundry areas, patios). From 1899 to 1930—with the sugar industry a magnet for immigrants from the most diverse provenances—Cuba almost tripled its population.[24] As a by-product of such rapid growth, *casas de recindad* were abundant in Havana.

*Manrique 155, Centro Habana.*

Initially, improvised strategies prevailed in creating the tenement houses. As the wealthy slowly moved away from the city's historic center (to El Cerro and El Vedado), their empty colonial houses were internally subdivided and rented to the less affluent. Spatial fragmentation for purposes of speculation transformed homes that once belonged to single families into beehives that forced multiple families into shared habitation. Those visiting the island at the turn of the century could not refrain from denouncing the inhumane, unhealthy nature of

*Pages 148–49:*
*Entrance to apartment building,*
*Concordia 418, Centro Habana.*

147

such dense enclaves.[25] They witnessed the earliest versions of the *solar*, granted "institution status in destitute Havana" by local novelist Cabrera Infante.[26] *Solares* in Cuba, as in much of Latin America, developed as communities of considerable size, enclosed within the patios or back lots of buildings (page 141). Developed internally, they maximized the space of large urban blocks, many times as "liners" to more dignified buildings facing the sidewalk. By the late nineteenth century, large cities all over the world displayed densification patterns of this kind.[27]

In Havana, the hidden existence of *solares* is often unexpectedly betrayed by the tradition of granting them names and displaying these titles to the public. Higiene Moderna (Modern Hygiene) may be an unlikely name for a neighborhood, but it designates one of Havana's largest, better-known, best-preserved *solares* (page 38 and page 155). Flaunting its name to the street on a wrought-iron transom, this Barrio Atarés *solar* integrates a series of structures that line the surrounding, more sophisticated, outward-looking houses. Inside, several communal spaces make up for the meager character of the living units. Poets, painters, and musicians—and anthropologists—have always been fascinated by life in a *solar:* ranging from forced collectivism and pluralism to enhanced individual participation, the experiences propitiated by this unique social milieu are vast.

*Ciudadelas* constitute a more sophisticated version of *solares.* Literally translated as "citadels," they are independent buildings inserted inside very large urban blocks, shielded completely from the public realm but sporting their own facades nevertheless. Havana has numerous *ciudadelas,* two of the most outstanding

150

being El Alcázar at Barrio Cayo Hueso (right top, page 164) and the Arcos

building in El Vedado (right bottom, page 158 top). Access to the Alcázar first

leads past the sidewalk, through a long corridor with blind walls on either side.

The walls belong to adjoining private residences, privileged in their orientation

toward the street. The walls' concrete surface mimics stone masonry arranged in

horizontal courses of equal heights. At the end of the corridor, an imposing art

deco frontispiece (completely detached from the street residences) frames the

entrance to a small patio around which El Alcázar is organized. A Spanish-

revival tile wainscot accentuates movement through the space, functioning as a

continuous base that extends from the entrance to the back of the lot. Parallel

eaves running the patio's full depth reinforce the longitudinal character of the

space. Each dwelling, in turn, enjoys a private garden butted against the rear

patios belonging to the residences that occupy the perimeter of the lot.

*Passageway at El Alcázar, Hospital
611, Cayo Hueso, Centro Habana.*

The Arcos building emulates El Alcázar, but at a considerably larger urban scale.

Not just out of sight but sunken as well, this impressive *ciudadela* is unrivaled in

the Hispanic Caribbean. As its name suggests, the structure is evocative of a

fortress or castle. It is detached from the city by a moatlike depression, but

nevertheless is linked to its context by flying bridges, alleys, stairs, and catwalks.

Half of its mass lies below street level. Under siege but unintimidated by the

surrounding bourgeois single-family homes (many guilty of serious ornamental

crimes), Edificio Arcos is one of Cuban architecture's great spatial statements,

even if its spare style denies any such attempt. Three structures of six stories

*Arcos building, 1926, between
Nineteenth, Twenty-first, E, and G
streets, Vedado, Plaza.*

each comprise the complex: their two enormous patios are a consequence of the

site's peculiar topography. Over one hundred families have a cherished, humble

home here, and throughout the years, tenant turnover has been minimal.

*Dining room of the Angelina de Inastrilla house,*
*Reina 360 between Lealtad and Escobar, Centro Habana.*

*Opposite:*
*Living room of the Angelina de Inastrilla house.*

*Street entrance to Higiene Moderna solar, Omoa Este, Cerro.*

*Opposite:*
Mampara *in the house at Seventeenth Street 510 between E and D streets, Vedado, Plaza.*

*Pages 156–57:*
*Kitchen of the Angelina de Inastrilla house.*

*Courtyard, Arcos building.*

*Microbrigade housing, Cojimar.*

*Microbrigade housing, 1988, Nuevo Vedado. Architect: Vilnas Ferrer.*

Built in 1926, the Arcos citadel offers multifamily housing at its best—communal values that take precedence over the individual, adaptation to both site and city, sociability fostered through enhancement of the public realm, effective transition between private and semiprivate spaces, democratization of dwellings—while still endorsing a daring architectural expression. None of that could be said about more recent housing efforts in Havana where, for the last decades, good intentions have unfortunately failed to encourage good design. Showered with praise (and rightly so) for social and political considerations, the housing projects built by "microbrigades"—under neighbor-assistance, self-help programs—echo architectural models long ago deemed obsolete internationally: lone towerlike buildings that foster isolation and are both unconcerned with improving the quality of urban space and despondent about the importance of the public realm (left middle and bottom). It is regrettable that, to this day in Cuba, imported references (in this case, the modern movement's city in the park) still carry more weight than local precedents.[28] Exceptions are few. Without the stylistic delusions of the upper class, Havana's ample, turn-of-the-century housing heritage proves much more stimulating as a spatial legacy than any of the city's hyperbolized gift-wrap architecture, or most of its recent, allegedly regenerated design. To anyone interested in listening, *solares* and *ciudadelas*—*casas de vecindad* in general—speak a richer, more vital and relevant, truly contemporary language of design.

Weighted by constraints attendant to land speculation and building regulations, fin-de-siècle multifamily accommodations became the epitome of design restraint in Cuba. Interest in inexpensive construction made ornament expendable, leading to its abolition. Pragmatism fueled creativity, obviously ignored in the

158

tired expression of most houses of the bourgeoisie, where style might have been domesticated but remained unrooted. Architecture inspired by appearances but deprived of essence ultimately becomes inconsequential—how ironic that vanity can ultimately be rewarded by invisibility.

Home, it seems, must be more than a mere habitat. *Tener casa es tener un estilo para combatir el tiempo*, concludes José Lezama Lima in one of his numerous essays on Havana: "To own a house is to adopt a style with which to fight time."[29] And rooms draped by age will always stand proud next to those shrouded by pretense, even when they are forced to coexist. In the Cuban capital, the furniture and everyday objects of decades past have sought asylum from the calendar in some of the city's truly immoment architecture. Interior spaces often resemble archaeological digs, with walls betraying chronological strata: books piled up to the roof or banished by trinkets; plants placed at random; furnishings effortlessly poised. Rooms, more often than not, are maps of a life. In Havana domestic space reads like the nation's résumé: of eclectic background and bearing; sometimes seduced by the avant-garde, when not lured by the tropical milieu and uplifted by modernity; but in the end, unable to relinquish history.

*The bedroom of a house at J Street 459 between Twenty-first and Twenty-third streets, Vedado, Plaza.*

159

*Guillermo Mederos–Dolores Barberto house, ca. 1952,*
*Real 157 between Candelarias and Rios, Cojimar.*
*Architect: Arquimedes Poveda.*

*Opposite:*
*Barbacoa at San Ignacio 209, Habana Vieja.*

*Pages 162–63:*
*Apartment building, Ronda, near the University of Havana, Vedado, Plaza.*

*Passageway at El Alcázar.*

*Opposite:*
*Stairwell in apartment building, Concordia 409, Centro Habana.*

*Pages 166–67:*
*House, Forty-fourth Street, Playa.*

*House at First Avenue and Eighteenth Street, Miramar, Playa.*

*Opposite:*
*Apartment balcony, José Figueroa house, Seventeenth Street 155, Vedado, Plaza.*

*Pages 170–71:*
*House at San Rafael 1165, between Mazon and Basarrate, Centro Habana.*

# An Ageless Urban Inheritance

*Rooftop, Palacio del Segundo Cabo, ca. 1722, O'Reilly 4, Plaza de Armas, Habana Vieja. Architects: Agustin Crame y Silvestre Abarca.*

*Castillo de la Real Fuerza, 1558–77, O'Reilly 2, Plaza de Armas, Habana Vieja. This is the oldest fortress in Cuba; the tower and the sculpture* La giraldilla *were completed in 1632. Sculptor: Jeronimo Martinez.*

*Opposite: Havana Cathedral, 1748–77, Empedrado 158, Plaza de la Catedral, Habana Vieja.*

*Pages 172–73: Door and tiles at Fourth Street 414 between Seventeenth and Nineteenth Streets, Vedado, Plaza.*

*Pages 176–77: Apartment house on Linea between F and E streets, Vedado, Plaza.*

*Pages 178–79: Factory on Obispo Street, Habana Vieja.*

Great cities of the world are often praised for their ageless quality, but their true trademark is the *simultaneous* display of three clearly discernible ages: the chronological, which is true to time; the aesthetic, true to appearances; and the lived-as-willed, true to feeling. Havana is, in this sense, tridimensional, enriched by buildings that show their history; streets that are disquieted by the looks of a structure or a person; and people who are readily stirred to action by beliefs, emotions, or intolerance. More often than not, the city's wide scope of experience is revealed by its skyline.

Variety in the Cuban capital's silhouette—as constantly profiled against the West Indian horizon—belies the seasoned nature of the Antillean settlement. In the vicinity of the capitol, cupolas, winged victory statues, and lanterns elegantly reveal the capital's turn-of-the-century heritage. This graceful, marmoreal ensemble caters to the monumental, while the rooftop of the Palacio del Segundo Cabo (Palace of the Second-in-Command) features pawns waiting for a chess game to start, adhering nervously, through repetition, to the principles of egalitarianism (left top). In the background, El Morro fort's lone lighthouse tower is disguised—though it needs no costume—as another in this group of ornamental knobs primed for roll call alongside Havana's bay. Forever denied a change of guard, these dependable sentinels are not without a leader.

Within hailing distance, the svelte, bronze figure of *La giraldilla* (left bottom) stands atop the tower of the Castillo de la Real Fuerza (Castle of the Royal Force). Not just a wind vane in the shape of a woman, this is one of the Cuban capital's preferred national emblems. With cross in hand and arms outstretched and angled in proud defiance, *La giraldilla* has proved both resolute and restful

*Housing, Concordia 714–724, corner of Aramburu, Centro Habana.*

*Opposite:*
*Apartment house, 1906, Cardenas 161 between Gloria and Mision, Habana Vieja.*
*Architect: Mario Rotllant.*

about the island's future since 1632—and she has been paid with gratitude for her loyalty.

In older Caribbean cities, however, respite is best enjoyed at street level, not on raised roofs, particularly where houses sit side by side, unaware of the religious and military powers that, for centuries, have virtually commanded life inside them. Doors, balconies, and clay tile—when untouched by monumental architecture—adequately size urban space down to human scale (page 209). Eaves protect, but lacelike railings invite; iron grilles shield (pages 72–73), but doors welcome. Roofs imitate the swaying facades, rising, pitching, and flattening at will (pages 40–41). Unheralded movement flatters Havana unremittingly, nowhere more devoid of remorse than at the city's eighteenth-century cathedral, whose concave, conch-laden facade borrows extensively from the baroque (pages 68–69).

With its broad shoulders flexed inward, the cathedral effectively crowns and protects its sister plaza, an agora of restrained proportions. Flanked by two towers (one stout, the other thin), the building folds its face in an effort to be playful, but inadvertently—and paradoxically—succeeds in being sensuous. A less exalted, but no less sinful, character also sinuously adulterates the church's interior, whose cornices and pilasters are possessed by a peculiar, curving restlessness brought to balance only by the main nave's *corona lucis*, which reigns at center. Lamps and entwined surfaces are perpetually engaged as the bending walls agitate the space but also date the architecture.

While the acutely pointed arches of Havana's cathedral can be traced back to the

*Apartment building (Casa Cuba, El Centro de Oro building), ca. 1910, Reina 301, corner of Campanario, Centro Habana. Architect: Eugenio Dediot.*

Middle Ages, the many molten columns and organic lintels supporting buildings around the Cuban capital bespeak the city's twentieth-century lineage. The accompanying rounded corners, crafted iron, and colored glass are quintessential art nouveau motifs that go hand in hand with dissolved capitals, rampant and trefoil arches, flowered friezes, and bas-reliefs. Art nouveau—perennially ambivalent about whether it is modern or traditional—signals a great moment in Cuba's history, one romantically remembered in local lore as "the time when money invested in the island's sugar industry helped build the *Ensanche* of Barcelona," probably without betraying the truth. Even if the particulars of such an assumption have yet to be properly researched, it is certain that vital Catalonian liaisons had an important impact on Havana's urban profile at the turn of the century. Art nouveau and beaux-arts riches literally swathed the Cuban capital, with organically inspired drip caps crowning doorways and undulating railings and parapets competing with swags and decorated keystones. Floriated running ornaments conquered flat surfaces (pages 124–25), ultimately upstaging them. Backgrounds ceased to exist, obliterated by sculpted or cast stone or enlivened by glazed ceramic tile of geometric patterns and figurative motifs (pages 192–93). Tiles bedecked countless wainscots in La Habana, appearing as low-based facings on the many walls that, to this day, string events on the sidewalk together with spectators on porches and tenants in porticoes, inviting guests into corridors and ultimately leading them to surprise inhabitants in their interior patios.

Unfair to all things frail, time has injured much of the clay, several layers of glaze, and many of the turn-of-the-century organic shapes that developed their own breed in Havana. A door's broken bandeau is rarely of great consequence

*School, Primelles, Cerro.*

*Keystone, Concordia 418, Centro Habana.*

*Arcaded buildings on the Prado between Dragones and Obrapia, Habana Vieja.*

*Pages 184–85: Jesús M. Trillo house (currently a primary school), 1905–7, Aramburu 206 between Neptuno and Concordia, Centro Habana. Architects: Antonio Fernandez and Lazaro Muniozqueren.*

*Indochina store, San Rafael 252, Centro Habana.*

*The Prado bar, Prado 264, Habana Vieja.*

*The Acapulco gas station, 1950, 1990, Twenty-sixth Avenue 752, Nuevo Vedado, Playa. Architect: Heriberto Durerger (1990).*

*Opposite: Centro Gallego, 1915, Prado 452–458, Habana Vieja. Architect: Paul Belau. Sculptor: Giuseppe Moretti.*

elsewhere, but in this city, a missing architectural jamb on Mercaderes Street injures a pelican, whose predicament remains ignored by its distrait twin sister (pages 36–37). That same building's first floor facade is also maimed, by a former reconstructive surgery that incorporated metal and roll-up doors suitable for selling and servicing goods in this booming neighborhood. More than a century ago, this commercially motivated widening of all openings at the pedestrian level had cast iron as an ally. Since the nineteenth century an excellent and very modern structural material of unobtrusive presence, iron was molded by able Cuban blacksmiths into fluted, slender columns whose discreet but insistent appearance on Havana's streets often goes unnoticed to this day.

Blurred by amalgamation, differences established by time gradually grow comfortable with one another. A house erected by wealth subsequently becomes a backdrop for work (page 45); a salon where, at first, style rejected reality later unexpectedly turns host to new vows of fidelity (page 51, pages 62–63). Renewed functions constantly revive old settings; permanence and elasticity are but two of architecture's many winning attributes and, curiously, are among its most forgotten. This cycle happens, if imperceptibly, in Havana. The city is tainted in diverse locations by voracious, oversize numbers, without true purpose, that trivialize the public realm. Supergraphics may have once courted the avant-garde but will always be perceived as an oldfangled, abecedarian presence within the context of traditional cities. After all, addresses should be kept on envelopes, not loudly proclaimed on buildings.

The imprint of modernity on Havana, as must be expected, transcends any illusions by which facades are transformed into blackboards or billboards. At all

186

*This page and opposite:*
*The National Capitol, 1929, Prado between San José and Dragones, Habana Vieja.*
*Architects: Raul Otero, Govantes y Cabarrocas, Jose M. Bens Arrarte,*
*Eugenio Rayneri Piedra, and others.*

*Fausto Theater, 1938, Prado 201, Habana Vieja. Architect: Saturnino Parajon.*

*López Serrano building, 1932, Thirteenth and L streets, Vedado, Plaza. Architects: Mira and Rosich.*

*Opposite: Central Train Station, 1912, Egido and Arsenal, Habana Vieja. Architect: Kenneth H. Murchison.*

*Pages 192–93: Top row, left to right: Tiles on a school courtyard, Aramburu 206, Centro Habana; building, San José near Basarrate, Vedado, Plaza; passageway, Hospital 611, Centro Habana; building, Bernaza and Teniente Rey, Habana Vieja. Bottom row, left to right: Kitchen, Reina 360, Centro Habana; store entrance, J Street 456, Vedado, Plaza; passageway, Hospital 611, Centro Habana; store arcade, Galiano and Concordia, Centro Habana.*

times in the city's history, up-to-date solutions have been sought in the interest of improving urban life. Cuba, it should not be forgotten, permanently epitomizes the Caribbean's efforts to contemporize. Long before other nations had railroads, Cuba ran a system of them. Decades ago, when citification required agile design solutions for housing the automobile in high-density areas, Havana's apartment buildings were cleverly raised one-half level, so that vehicles could be lodged underneath and civic life could develop above and on the street. A 1950s spirit flavors the most singular solutions posed to what many, to this day, fear as the threat of the car.

A 1930s imprint is also important in Havana, a city surprisingly well versed in the flitterings of the period's predominant style, art deco or moderne. Even in later, watered-down (yet attractive) versions (pages 162–63), art deco was characterized by sharp angles and zigzagging surfaces, all sculpturally enhanced by light. Its appeal has much to do with the formal integration of straight and curved lines. Art deco is never out of place in Havana; on the contrary, stunning examples of the style permanently reside here, including El Alcázar, the multifamily citadel in Cayo Hueso; the Aparthotel at El Vedado's Eighth and Nineteenth streets; the Edificio López Serrano at L and Thirteenth streets, also in El Vedado (left middle, page 194 top); and the imposing Edificio América, at Neptuno and Galiano streets. Art deco detailing claims only the facade of the Alcázar, which is to be expected, since the building was an outcome of land speculation. Sophisticated finishes distinguish both interior and exterior of the Aparthotel, consisting of a pair of buildings that share an L-shaped street for their tenants' private use. In this multifamily complex, delicate bas-reliefs climb the walls and floors are carpeted in terrazzo pavements of changing hues. Green,

190

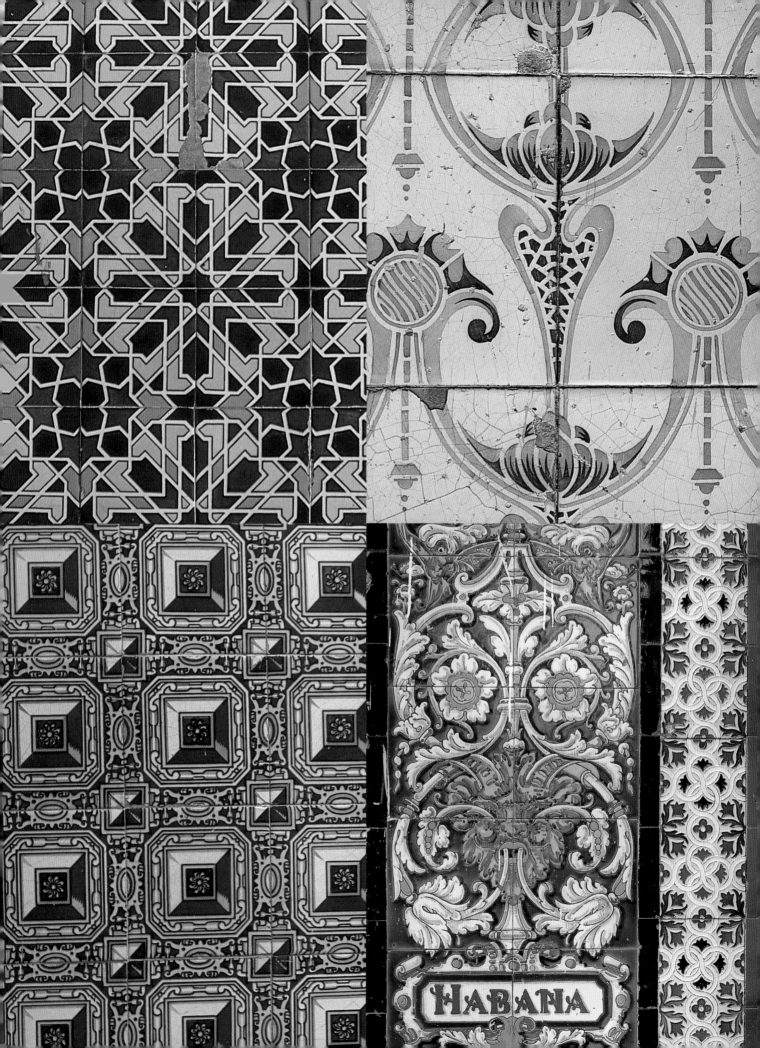

*Entrance, López Serrano building.*

*Stage, Cine América, ca. 1937, Galiano 267 between Neptuno and Concordia, Centro Habana. Architects: Martinez and Rojas.*

*Stairwell, Cine América.*

*Boxes, Cine América.*

ocher, and blue form geometrical rainbows by articulating bronze joints. Attractive period lamps light most areas. And elaborate, highly contrasted designs are unveiled discreetly as one walks into the lobby of the López Serrano building, true to style inside and out. Moderne, however, climaxes at the América.

Influenced by skyscraper design, this is a strong, ambitious building of astounding features (left). Along the street, its volume is scaled down to the pedestrian, a feat facilitated by the strong horizontal overhang (and the resulting deep shadow) that introduces a festival of verticality. The true cause for celebration lies beyond, in the building's entrance lobby and an adjoining theater. Upon entering the tower's foyer, one sees floor color and pattern vying for attention, with black stripes lending majesty to an overwhelmingly rich terrazzo pavement. In Cine América, undoubtedly the Hispanic Caribbean's best preserved art deco movie palace, zodiac motifs encircle the floor of the vestibule. Other heavenly symbols populate the space as spheres become a theme echoed in railings, ceilings, and the proscenium arch. America is the theme endorsed, and so ships emerge from the walls, highlighted by light. At the auditorium's soffit, diminutive sources of illumination skillfully emulate the firmament, bathing the hall's more sculptural components with a faint glow, as if determined to underline the many instances in which space is purposefully engirdled.

After all, Havana is bonded to rotundity. In one of the city's truly memorable buildings, the Hospital de Maternidad Obrera (Workers' Maternity Hospital), built in Marianao in 1940 (right), the main hall mirrors an inverted spiral. The illusion is created by overlapping, on axis, three round openings whose diameters decrease as they go up. Of more recent construction, the Olympic Stadium also owes much of its dynamism to the ring motif chosen for its perimeter, as does the capital's undisputed architectural icon, the former Havana Hilton. The hotel's atrium dramatically perforates the roof, carving a cylinder out of the lobby and showering interior spaces with reflected daylight. Its slender tower is one of many that by the early 1950s had chiseled into the sky a modern profile for the Cuban capital. At the time, pioneering tall buildings were erected in large quantities, but none was more exalted than the lofty Focsas, whose penthouse restaurant has served its patrons Havana from the air for decades. Because of its siting and great height, the Focsas offers an eminently urban menu: the city's eastern view is the dining room's main course, but the western panorama is the bar's compelling conversation piece.

*Hospital de Maternidad Obrera (Workers' Maternity Hospital), 1940, Thirty-first Street 8409 between Eighty-fourth and Eighty-sixth streets, Marianao. Architect: Emilio de Soto.*

To the west, Havana's skyline recedes and relaxes until reaching Cubanacán, where modernity has opted for seclusion amid broad and verdured expanses of land. Here, architecture commands, but it is art that has inspired a group of *escuelas* (school buildings) dedicated to instruction in diverse creative expressions (page 198): la Escuela de Música, la Escuela de Ballet, la Escuela de Baile Moderno, and la Escuela de Bellas Artes o Artes Visuales. Music, ballet, modern dance, and the fine arts sit in harmony in this contemplative, almost idyllic setting. The buildings deliquesce into the surrounding topography without need of camouflage; their vaulted roofs are a most fitting metaphor for nature's own mounds and hills. Courtyards link the free-form buildings, with steps, columns, and rain drains becoming embankments. Spaces are canopied rather than roofed. No other buildings in Havana are so forcefully driven to the tellurian. The earth nurtures space and surface in these schools, particularly in the courtyard for visual arts students, where rite and ritual are undeclared presences. A tree

*Entrance gate near Twenty-seventh and J Streets,*
*Vedado, Plaza.*

*Opposite:*
*House at Second Street 303 between Thirtieth and Fifteenth streets, Vedado, Plaza.*

*National Schools of Art, 1965,*
*Cubanacán, Playa. Architects: Ricardo*
*Porro (schools of fine arts and modern*
*dance); Vittorio Garatti (schools of*
*music and ballet); Roberto Gottardi*
*(school of dramatic arts).*

*Dance studio, National Schools of Art.*

*Courtyard, National Schools of Art.*

courageously fends off light, while an argillite depression in the pavement seems perpetually engaged in a ceremonial offering to welcome the sun. Columns, skylights, and lanterns have renounced a specific style. Timelessness sinks in. The Greek earth goddess, Gaea, is pleased by apprentices of the arts roaming the place. A mythological embodiment of the land, the feminine deity is said to nourish the young who are willing to learn—how fitting at Cubanacán, where shapes and materials flash students back to the early instances of shelter on earth, where art began as the genuine, yet magical, expression of humankind. Cities need such hallowed spaces, in order to compensate for the profane, even if the sacred is no safeguard against the inevitable barrage of irrelevant architecture that contaminates all cities alike.

Disrespectful building has, unfortunately, not forsaken Havana. For centuries, a large working class, far from urbane, has been compelled to live an urban life. Its everyday scenarios are not unfamiliar ones—only their style has changed with the years: the low-spirited cafés of compressed enjoyment and dismal detailing; the joyless stores where need has always usurped whim; construction that, in spite of being presumptuous, remains crude; spaces created by condescension, unappealing to communal values. Where a building once rose, a plaza cannot be forced into existence. The creation of a public realm is never a by-product of the absence of architecture.

At its best, human activity creatively compensates for what cities lack or lose. Barbers patiently cut every day what takes much longer to grow; old folks observe; waiters continue to serve. Weights lifted one after another render more bearable the burden of a day. Chess played until exhaustion reduces the universe

198

to eighteen inches square. Every human life expands or contracts the experience of a city—and grandstands are among the few structures from which it always seems enhanced.

As Havana's sports buildings attest, the size and number of pools and playing fields claim an above-average space in comparison to other modern cities (page 29 top and middle). Among cherished facilities in Cuba, the covered bleachers at the University of La Habana stand out. Sunken below their surroundings, the tiered seats nestle into the terrain's natural concavity. Thin columns do not obscure the view and, undaunted by the bulk of the roof, effortlessly sneer at gravity. Nearby, formal university buildings lack the debonair, jaunty character of the bleachers' ad-lib, light-hearted vocabulary: as exponents of classicism on campus, the more respected, academic edifices repeatedly counterpoint nature's more relaxed ways. Peeking over the university's famous steps, trees seem determined to make a garden out of a staircase (page 28 top).

In the Caribbean, nature constantly resists abdicating its territory to architecture. Cities consistently remind us of the conflict. Wooden houses in Havana (by now an odd presence) lead us back in time, to what was an eminently rural past (page 202 top). Patios transformed into private orchards pay tribute to the land, silently censoring the customary, contemporary corruption into pavement (page 202 middle). Accumulated flowerpots surprise with the pleasing spontaneity of a wink (page 202 bottom): "That which within our bodies resembles earth, feels the garden's humidity, not unlike a tree does." Everywhere, the Cuban capital seems not just receptive but vulnerable to green, a fact upon which historians may have mistakenly turned their backs. Interested in ascertaining—or more

*Barber shop in the arcade behind the Hotel Plaza, Monserrate, Habana Vieja.*

*Weight room, Gymnasium Kid Chocolate, Prado 515 between San José and Teniente Rey, Habana Vieja. Architect: Maria Catalina Hernandez.*

*Chess tournament, Gymnasium Ramon Fonst, 1991, Rancho Boyeros and Bruzon, Plaza. Architect: Eusebio Azcue.*

*Pages 200–201: Covered walkway at the edge of the outdoor dance floor, Hotel Comodoro, ca. 1951, Third Avenue and Eighty-fourth Street, Miramar, Playa. Architects: Mira y Rosich.*

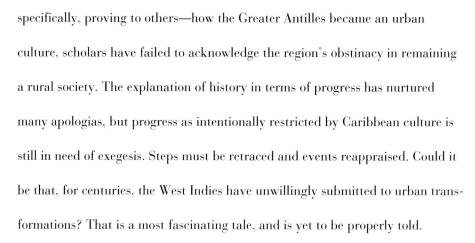

specifically, proving to others—how the Greater Antilles became an urban culture, scholars have failed to acknowledge the region's obstinacy in remaining a rural society. The explanation of history in terms of progress has nurtured many apologias, but progress as intentionally restricted by Caribbean culture is still in need of exegesis. Steps must be retraced and events reappraised. Could it be that, for centuries, the West Indies have unwillingly submitted to urban transformations? That is a most fascinating tale, and is yet to be properly told.

*Wooden house, Forty-fourth Street 3710, Playa.*

*Victory garden, J Street, Vedado, Plaza.*

*Garden, L Street 306, Vedado, Plaza.*

While nature's imprint on Havana is captivating, human scars ultimately render the capital an enthralling place. What makes this city engaging is what makes all cities enticing: it brings into full view traces of life as seized or wasted by many, as *felt* by all. A nation's larger agenda may reduce one lifetime to a name scratched on a window, but it rarely disregards at one stroke the efforts of many who share both goals and a past. Groups that have contributed to reshaping a place's history can never evanesce into obscurity, particularly if their participation is engraved into the landscape. Of the many non-Hispanic nationalities that opted for a niche in Havana, two left deeper footprints: the Jewish and the Chinese. Consolidated as distinct communities within the large Cuban one, both groups erected separate cemeteries for their people. The Jewish necropolis, at Guanabacoa (right middle and bottom), is somewhat unassuming, displaying a frontispiece of Spanish-colonial, not Middle Eastern, inspiration. Only the Hebrew spelling on the pediment and the Star of David provide a clue. Inside, tombs are closely spaced and unaffected. Emotion lives here in texts that need no comment: "Buried in this place are several cakes of soap made from Hebrew human fat, a fraction of the six million victims of Nazi savagery in the 20th century. *Paz a sus restos.* May their remains rest in peace."

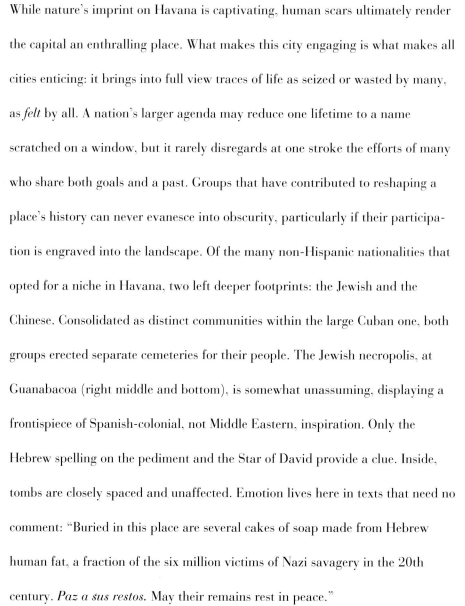

202

In keeping with their more defined profile as an immigrant group, the Chinese built their own idiosyncratic resting place (page 206), as the westerly companion to the city's larger Cementerio de Colón. Gate and graves appeal more to their Asian culture, which takes pride in its uniqueness. The gateway derives from the *pai lou*, the monumental Chinese arches customarily erected at the entrances to palaces, tombs, and processional ways. Roofs of the burial chapels are highly pitched, upward-curving, and covered with tile. Their silhouette follows the traditional, gabled-roof shape: that of a *xuan-shan*, or hanging mountain. Mysticism, but also grandeur, are lodged here, even if Western culture has not been completely obliterated from the premises. Ever-present and enduring, the malleable classical vocabulary claims a column here, a frieze there, and pediments everywhere, many capped by Christian crosses. For a burial place, Havana's Chinese cemetery is full of cultural contradistinctions.

*Doorway, Primelles, Cerro.*

*Entrance to the Jewish Cemetery, Guanabacoa.*

Similar pairings are even more daring in town, where several blocks near Zanja Street (the name refers to an ancient ditch) form Havana's Chinatown (pages 30–33). Around the time of World War I, Asian immigrants in Cuba profited enormously from the sugar boom. Rich merchants bewitched Havana with their presence and power, and also with the exoticism of Chinese theater, national festivities, and folkloric masquerades. Cultural, and also architectural, elements of the most diverse sources blended comfortably in this neighborhood: today, a turn-of-the-century, rounded corner frames a movie house of later date, itself masked by a pagoda-like entrance; Chinese signage proudly projects over the sidewalk, parallel to Cuban *guardavecinos*, the traditional wrought-iron grilles that impede access from one balcony to another. A small billboard at a theater is treated as miniature decoration and delicately topped by small, upward-tilting

*Holocaust memorial, Jewish Cemetery.*

203

*Doorway to the Maca building,*
*Twelfth Street 512 between Twenty-third and Twenty-first streets, Vedado, Plaza.*

*Opposite:*
*Entrance to the Hotel Comodoro.*

*Chinese Cemetery, Vedado, Plaza.*

*Chinese Cemetery.*

eaves. Twenty-six thousand characters, after all, are not the only symbols that speak the Chinese idiom. An old print, a pair of hanging lanterns, and two faces are enough to surrender all Cuban scenery to the Asian, even if traces of Western culture appear in the particular patterning of a floor, as wainscots, or as ceiling moldings. It is difficult to imagine how Chinese Old Havana can be—or that it ever wanted to feel Japanese. West of the Malecón, a fantasy island still cradles oddly famished aspirations to the exotic, which never actually transcended whimsical inspiration. The Isla Japonesa (pages 116–17), reached from the shore by a picturesque bridge, is a leftover from times when excursions into the foreign could be willed just by putting on makeup and a kimono, waving a parasol, or walking against a background of rocks and seashells shaped into covered pavilions and grottoes. Chinatown is a city within the city, but Havana's Japanese Island is merely a setting.

Cities that can afford to be capricious, however, are also often hailed for their higher urban aspirations. In the Caribbean, Havana sets the standard: arbitrariness is welcomed, but also disciplined; variety is endorsed, yet continuity never sacrificed. This inspires La Habana's great urban legacy: it succeeds at consistency without victimizing spontaneity. This is no small urban feat—particularly in the Antillean context, where diversity is customarily played up as the region's only distinguishing (and noteworthy) building trait. In contrast to such unfounded and belittling notions, Cuban architecture celebrates coherence. As in any other city, some individual buildings adhere to it vehemently, but only Havana's arcades have a rightful claim as the ultimate embodiment of cohesion committed to diversification.

Porticoes or *soportales* echo repeatedly along many streets, not in Old Havana, but in neighborhoods that absorbed the nucleus's later expansions: Cerro, San Carlos, Centro, Santos Suárez, and others. The columns that Carpentier so eulogized constitute more than mere support; they are a network of pedestrian spaces that necklace block after block in the city. Arcades string buildings together that—in spite of differences in use, scale, or style—seem committed to sacrificing hierarchy for continuity. Sets of distinctive arches and groups of lintels may rhythmically compete for attention, only to be placated by repetition. One after the other, melodic facades are stitched into the city's landscape, intricately woven into an extended, colonnaded tapestry. Nothing escapes the inveiglement of columns, from simple wood structures to Havana's largest civic center, the Centro Gallego (pages 88–89, page 187, pages 212–13). Shafts, bases, and capitals are embroidered into every *soportal*; each one is a cohort of urban space, coiling along the street, often stealing from the sidewalk. These canopied, elongated porticos—also featured, if to a lesser extent, in many other Cuban cities—are more than mere decoration.

*House, Carlos III 707, Centro Habana.*

*Apartment house, ca. 1947, Ninth Street between G and F streets, Vedado, Plaza.*

Besides patterning facades in a row, arcades enclose space within, providing comfort from the tropical climate and, more importantly, effective transition between public and private realms. Arcades protect intimacy: they veil the house from the city, and frame the city for the house. Upholstered in columns, urban life in Havana is cushioned by arcades. Throughout the city's existence, *los portales* have leveled all discrepancies of class and might. The use of *soportales* since early in Cuba's history has been auspicious: colonnades (whether segmented, beaten, tamed, domesticated, or ruined) to this day not only serve but summarize Havana. Lifelong citizens of the city, columns make grandeur an

*Balconies at the Ministry of Justice building (formerly an apartment house),
ca. 1950, N Street between Twenty-fifth and Twenty-third streets, Vedado, Plaza.*

*Opposite: Balconies along Concordia, Centro Habana.*

*Pages 210–11: Corner building, Luaces Street, Plaza.*

*Pages 212–13: Arcades of the Centro Gallego, 1915, and the Hotel Inglaterra,
1891, Prado at Parque Central, Habana Vieja.*

*Bar at the Hotel Havana Hilton (currently the Hotel Habana Libre), 1958,*
*L Street between Twenty-third and Twenty-fifth streets, Vedado, Plaza.*
*Architects: Welton Becket and Arroyo y Menendez.*
*Ceramic mural by Rene Portocarrero.*

everyday fact in La Habana. Their princely features portray a nation in love with itself, convinced of its importance. Their pulsating beat—echoed by repeating doors, ceilings, and floors—exalts the nation's readiness for work and activity.

Arcades make Havana a dynamic yet harmonious landscape, one where seemingly uncoordinated elements help create an ultimately richer image. Most of Cuban architecture's concerns come together in these arcades: planar and curved surfaces unabashedly meet; introverted and extroverted spaces speak warmly underneath; and individuality and homogeneity pliantly reconcile. Isn't that what life in the city is all about? There is no greater urban inheritance than an all-inclusive one. And because such a privilege has been denied to other Caribbean countries, Havana is the keeper of a treasure. Not unlike the early days of colonization—when the gold of Mexico and Peru made a stop in the Cuban capital obligatory—the city, to this day, takes pride in its precious contents.

Always preparing for the future, La Habana is never dated by a sense of loss. Lamented by many as lagan—a bundle of goods thrown into the sea with a buoy attached in hopes that it will be found—she remains much more. Even if time has wounded many of its architectural jewels, ruined structures do not always signal a culture lost. What is missing is not an adequate measure for what is missed, as timelessness, by definition, supersedes chronologies. With dates dimmed, geographical outlines disappear. In this respect, Havana is a city of enlarged boundaries. Isolated on an island, she beckons to the world beyond the Caribbean. History may move her in circles, but time is a firm axle that keeps grace cups from being raised in her honor; she has never deserved a final toast, for Havana's sumptuous banquet never ends.

*Pages 216–17: Porches along Twenty-third Street, Vedado, Plaza.*

## A City of Alchemy

1. Antonio Núñez Jiménez has questioned whether Carenas was the initial settlement of what would later be known as Havana. At the time, chroniclers might have been referring to an adjacent location, Cojímar. Antonio Núñez Jiménez and Carlos Venegas Fornías, *La Habana* (Vitoria, Spain: Ediciones Cultura Hispánica, 1986), 13.

2. Becoming popular toward the end of the nineteenth century, *el son* is unique in Hispanic song. It is musically distinct because of its rhythmic emphasis on the fourth quaver in a bar in 2/4 time.

3. The Puerto Rican *danza* is considered to be originally from Spain, Venezuela, and Cuba. The Dominican *merengue* (and Haiti's next-door version, the *meringue*) can be traced back to Spanish traditions imported during the conquest. These traditions incorporate features from the waltz, the mazurka, and the contradanse, all modified by African influences. *Salsa*'s coming of age on New York's Lower East Side is often the subject of debate regarding the preeminence of Cuban or Puerto Rican influences.

4. Weiss's view of history is rooted in nineteenth-century ideas and ideals influenced by positivism. Official documents are for the author a key source of information, more so than buildings themselves, and the archaeological reasons for a building's existence are more relevant to Weiss than the particulars of its spatial configuration. Echoing many Hispanic historians of the time, Weiss, himself an architect, underlines the "humble" character of colonial architecture in Cuba, as if to excuse its nature given the limited local circumstances. He apologizes for Cuban architecture, asking the reader to avoid comparisons with that of Mexico or Peru, even if it is unsurpassed by neighboring Caribbean countries. Joaquín E. Weiss, *La arquitectura colonial cubana* (Havana: Editorial Letras Cubanas, 1979), 2, 3.

5. Among relevant studies, see Colegio de Arquitectos de Puerto Rico, *Survey and Planning Project for San Germán, Puerto Rico* (San Juan, 1983); idem, *Survey and Planning Project for Mayagüez, Puerto Rico* (San Juan, 1984); idem, *Survey and Planning Project for Ponce, Puerto Rico* (San Juan, 1985); Jorge Rigau, Andrés Mignucci, and Emilio Martínez, *La arquitectura dominicana, 1890–1930* (San Juan: Puerto Rico AIA, 1990); Jorge Rigau and Juan Penabad, *Casas de vecindad: Estudio sobre precedentes finiseculares de la vivienda colectiva en Puerto Rico desde una perspectiva comparativa caribeña* (San Juan: State Historic Preservation Office, 1993).

Urban research is more abundant for Cuba and Puerto Rico than for the Dominican Republic. Somewhat helpful—despite methodological limitations—are two recent works: José Delmonte Soñé, Ricardo José Rodríguez Marchena, and Martín Mercedes Fernández, "La época republicana en la arquitectura de Santo Domingo: Ciudad intramuros, 1844–1930" (master's thesis, Universidad Nacional Pedro Henríquez Ureña, 1988); and José Ramón Báez López-Penha, *Por qué Santo Domingo es así* (Santo Domingo: Sociedad Dominicana de Bibliófilos, 1992).

6. *Casinos* were not gambling establishments, but social clubs that sponsored recreational, athletic, and philanthropic events. Admission to these clubs depended largely on social standing.

7. Alejo Carpentier and Paolo Gasparini, *La ciudad de las columnas* (Barcelona: Editorial Lumen, 1970), n.p. Unless indicated otherwise, all translations are by the author.

8. For a discussion and particular examples of this roofing technique, see Joaquín E. Weiss, *Techos coloniales cubanos* (Havana: Editorial Arte y Literatura, 1978).

9. Alejo Carpentier, *Conferencias* (Havana: Editorial Letras Cubanas, 1987), 70; José Lezama Lima, *La Habana* (Madrid: Editorial Verbum, 1991); Guillermo Cabrera Infante, *La Habana para un Infante difunto* (Barcelona: Plaza & Janés, 1986); Reinaldo Arenas, *Antes que anochezca* (Barcelona: Tusquets, 1992).

10. Núñez Jiménez and Venegas Fornías, *La Habana*, 39.

11. Núñez Jiménez and Venegas Fornías, *La Habana*, 11, 12.

## Nature's Ever-Present Awning

12. José Zapatero, *La fortaleza abaluartada en América* (San Juan: Instituto de Cultura Puertorriqueña, 1978).

13. This subject is explored in more depth in Jorge Rigau, *Puerto Rico 1900* (New York: Rizzoli, 1992), and Roberto Segre, *Historia de la arquitectura y el urbanismo en América Latina y Cuba* (Havana: Facultad de Arquitectura, 1981), 180.

14. I owe to architect Emma Álvarez-Tabío Albo my first visit to La Tropical. The member of a team entrusted with its rehabilitation as part of the Plan Director de la Ciudad de La Habana, she researched the site's history and in 1987 collaborated in the development of a proposal for its preservation and integration with adjacent green areas, in order to weave all facilities—natural and built—into a metropolitan park.

15. Representative of Spanish regional cooking, all these dishes were popular at gatherings of Iberian descendants in the Hispanic Caribbean. Still prepared in homes and pastry shops, their names are difficult to translate. *Empanada de pollo*, from Galicia and Asturias, is a large,

double-crusted, boned-chicken pie. A *mallorca* (from Majorca) is a sweet yeast bun, powdered with confectioners' sugar. *Ensaimadas* are large *mallorcas*, often filled with *sobreasada* (dry pieces of cut pork sausage) and sprinkled with sugar.

16. The fin-de-siècle Catalonian art movement *modernisme* is associated with but not limited to art nouveau. It embraces multiple aspects of design in art, architecture, graphics, crafts, furniture, and industry. For a comprehensive explanation, refer to Oriol Bohigas, *Reseña y catálogo de la arquitectura modernista* (Barcelona: Lumen, 1983), and Mireia Freixa, *El modernismo en España* (Madrid: Cátedra, 1986).

## Rooms, Maps of a Life

17. In his extended public life, Ferrara benefited from his friendship with President José Miguel Gómez. With interests in sugar refineries, he almost became president-elect of the island, with backing from Sumner Wells. See Hugh Thomas, *Cuba: The Pursuit of Freedom* (New York: Harper & Row, 1971).

18. Emma Álvarez-Tabío Albo, *Vida, mansión y muerte de la burguesía cubana* (Havana: Letras Cubanas, 1989). I am much indebted to both author and book for my firsthand experience and understanding of the architecture in El Vedado.

19. *Tresse* are small, flat or convex moldings that are intertwined or interlaced. *Vinettes* are ornaments of running vine scrolls with grape clusters and leafwork. *Rinceau* names an ornamental band of undulant and recurving plant motifs. A *guilloche* is formed by two or more bands twisted over each other in a continuous series, leaving circular openings that are often filled with round ornaments. *Anthemions* are running ornaments of Greek origin, based on a honeysuckle or palmette pattern. See Cyril M. Harris, ed., *Historic Architecture Sourcebook* (New York: McGraw-Hill, 1977), 21, 269, 457, 548, 566.

20. *Mamparas* are acknowledged as typically Cuban. Similar to saloon doors, they were installed in residences to provide privacy and ventilation simultaneously. Carpentier speaks of them as interior doors equally able to isolate or integrate urban dwellers. Acute arches, opaque glass, and heraldic and floral motifs were all brought together with great skill in *mamparas*.

21. Residences with living and dining areas at opposite ends of a hallway, flanked by bedrooms, are not uncommon in the Hispanic Caribbean. The living room, or *sala*, usually faces the street, while the dining room, or *comedor* (of hierarchical importance, usually highlighted by wainscots, wall paintings, or stained glass), faces a garden in the rear. Plans for these dwellings can be symmetrical or asymmetrical and have been linked to Victorian and Catalonian precedents.

22. Carlos Venegas Fornías, *La urbanización de las murallas: Dependencia y modernidad* (Havana: Letras Cubanas, 1990), 52.

23. Lillian Llanes, *Apuntes para una historia sobre los constructores cubanos* (Havana: Letras Cubanas, 1985), 25, 26.

24. Various authors have explained the process and the impact of immigration on the island of Cuba. Population tripling is explained by Joaquín Rallo and Roberto Segre, *Introducción histórica a las estructuras territoriales y urbanas de Cuba, 1519–1959* (Havana: Instituto Superior Politécnico José Antonio Echevarría, 1970), 96, 97. The influx of Spaniards is discussed in Hugh Thomas, *Cuba* (New York: Harper & Row, 1971), 497. Manuel Moreno Fraginals, *La historia como arma y otros estudios sobre esclavos, ingenios y plantaciones* (Barcelona: Editorial Crítica, 1983), 102, explains the presence of Haitians, Jamaicans, and the peoples of neighboring islands.

25. Marian M. George, *A Little Journey to Cuba and Porto Rico* (Chicago: A. Flanagan Company, 1901), 23; Robert T. Hill, *Cuba and Porto Rico with the Other Islands of the West Indies* (New York: Century Co., 1898), 117; Robert P. Porter, *Industrial Cuba: Being a Study of Present Commercial and Industrial Conditions, with Suggestions as to the Opportunities Presented in the Island for American Capital, Enterprise and Labour* (New York: Knickerbocker Press, 1899), 157, 170–71.

26. Cabrera Infante, *La Habana para un Infante difunto*, 10.

27. For the New York experience, see Richard Plunz, *A History of Housing in New York City: Dwelling Type and Social Change in the American Metropolis* (New York: Columbia University Press, 1990), 15. For the Dominican Republic, specifically Santo Domingo, see Delmonte Soñé, Rodríguez Marchena, and Mercedes Fernández, "La época republicana," 492, 531–32; also Báez López-Penha, *Por qué Santo Domingo es así*, 176. The illegality of such backlot constructions in Puerto Rico is discussed in Gobierno Municipal de Guayama, Puerto Rico, *Ordenanzas sobre construcciones y división de zonas urbanas* (Guayama: Tip. Cervoni Gely & Co., 1911), 9.

28. Nevertheless, the island has a significant heritage of exemplary modern architecture. As the Caribbean herald to twentieth-century building ideas, Havana abounds with distinguished modern buildings. Unfortunately, their dispersed locations make it difficult for visitors to appreciate them.

29. Lezama Lima, *La Habana*, 221.

## La Habana

### Introducción

En este libro compartimos con el lector la vitalidad y resistencia de una gran ciudad. Aunque presentamos sus notables edificios y la panorámica general, sus vecindarios y viviendas son el alma de esta obra. La Habana y su pueblo están en una encrucijada histórica; por eso decidimos mirar más allá de sus grandes monumentos que sin duda estarán siempre allí. Como acertadamente escribe Jorge Rigau: "Ese amplio legado se nos brinda espléndido en La Habana, aún a los que estamos ávidos de reconocer que el centro histórico de la ciudad—sede de su valiosa arquitectura colonial—es sólo uno de los protagonistas en el drama citadino de la actualidad cubana." Así fue que no detuvimos la vista en castillos, fortalezas, palacios, iglesias y conventos del legado español. En vez de pulir las joyas del turismo presentamos la actualidad del pueblo habanero en sus edificios cotidianos; sus casas y jardines, sus gasolineras, cines, cementerios, y las siempre presentes barberías cubanas. Mostramos también los pasatiempos del habanero: música, deportes, hablar de política, pasear o sentarse cerca al mar. Más que nada, aspiramos a que el lector sienta la brisa, contemple las palmeras, y disfrute con nosotros de las fascinantes barriadas de esa capital.

La Habana está frente al mar. Las avenidas principales parecen fluir hacia el mar o seguirle muy cerca. Se puede ver el mar desde casi todas las calles, ya que sorprendentemente para mí la ciudad se extiende por cerros y colinas. La Rampa asciende desde el mar a las inmediaciones del Vedado; el Paseo del Prado nos lleva gradualmente de la costa hasta el viejo capitolio y el Parque Central; al otro extremo del puerto Casablanca se trepa a una muralla escarpada que surge del mar; desde el sur, muy cerca al mar, la calzada Diez de Octubre se remonta hasta la iglesia de Jesús del Monte, cumbre que ofrece una amplia panorámica de la ciudad. El aire es limpio y fresco aún en los días más cálidos, gracias a las fieles brisas del mar. Casi todos los edificios revisten sus altas ventanas con persianas que dan paso a la brisa refrescante. Terrazas y balcones voladizos proyectan su sombra contra el sol tropical. Así un sistema natural de acondicionar el aire compensa por la escasez de equipos eléctricos. No se oye el zumbido de aparatos, hay pocos automóviles transitando en las calles, la ciudad está en queda.

Como toda ciudad tradicional, La Habana es un conjunto de barriadas. La más antigua es La Habana Vieja, donde la ciudad se fundó en 1515. Detrás de la bahía, Regla y Guanabacoa datan de los siglos dieciséis y diecisiete. Casablanca, un caserío de pescadores en la margen oriental del puerto, se fundó en el siglo dieciocho. Diez de Octubre y el Cerro, dos barrios contiguos que parten de dos carreteras principales, tuvieron su origen en el siglo diecinueve. El distrito de la Plaza de la Revolución es un conjunto de vecindarios que tuvieron su origen a fines del siglo pasado. El Vedado es el corazón de la ciudad moderna. En Miramar, con su regia Quinta Avenida, están las playas, los hoteles turísticos y las sedes diplomáticas. La Quinta Avenida corre paralela al mar, pasa frente al viejo Havana Yacht Club, se une a un camino qué lleva al sugestivo Cubanacán y sigue hacia el oeste y el poblado marino de Santa Fe. Algo más tierra adentro están los barrios de La Víbora y Marianao que florecieron a mediados de este siglo.

Me dicen los cubanos que en estos tiempos la comunidad habanera consta de tres grupos: los que pudieron haberse ido pero escogieron quedarse; los que quisieran irse pero no pueden; y los que nunca han pensado abandonar a Cuba. Para esos últimos la recompensa es quedarse con su casa. Aún hay muchas residencias, algunas enormes, que no están totalmente ocupadas. Por lo visto a nadie se le exige alojar extraños en su casa, no obstante ser muy difícil encontrar vivienda ya que pocas unidades se han construido en años recientes. Con frecuencia nos señalaban mansiones de ricos que, pudiendo irse, escogen quedarse. Los habaneros están muy orgullosos de los que se han quedado en Cuba. Esos son los nuevos aristócratas, grupo que incluye a muchos de la antigua élite. Parece imposible hablar en serio de La Habana sin caer en el doloroso tema de la política. Más de un millón de cubanos—aproximadamente la mitad de la población de La Habana—viven exiliados en los Estados Unidos. Al abandonar la patria comprometieron la posibilidad de regresar. Ahora miles de familias viven divididas por el estrecho de la Florida, sus seres queridos lejanos, las heridas de la enemistad política abiertas sin curar.

Hablar de La Habana con norteamericanos de cierta edad puede ser muy incómodo y perturbador. La conversación lleva al pasado y conjeturas hostiles. Desde la Crisis de los Cohetes de 1961, los Estados Unidos prohíben a sus ciudadanos visitar a Cuba. Hasta poco antes de esa fecha el turista norteamericano disfrutaba a sus anchas de la bella capital que hacía gala de su decadencia, sus casinos, burdeles, cabarets y lujosos hoteles, sus magníficos puros habanos y su incomparable ron. Por lo visto nuestros mayores tenían esperanzas de que La Habana llegase al nivel de éxito de Las Vegas, su sucesora. En confianza esos norteamericanos aseguran que La Habana se acabó; sin el vicio, los casinos (y la Mafia que ellos nunca mencionan) ya nada tiene que ofrecer.

Si esos mismos norteamericanos regresaran a La Habana, sin duda su primera reacción sería reconocer a un adversario después de treinta y cinco años. En la ciudad, como si fuera una persona, verían unas libras de más, algunas canas, ciertas arrugas en la frente, ropa cómoda pero quizá algo pasada de moda. Tal vez su próxima reacción sería de alivio, porque . . . ¿no es humano buscar la reconciliación? seguramente después vendría el recuerdo de alguna vieja disputa que se menciona por salvar las apariencias. Pero más tarde, quizá al compartir una copa de buen ron, surgiría la buena voluntad, el orgullo de ver a la ciudad lucir tan bien, cierto placer recóndito al saberla recia; como él mismo, un buen sobreviviente de un gran cambio. Finalmente, nuestro maduro norteamericano admitiría que la tenacidad y los años forman una bella combinación. Y quizá, tal vez, vendría después una discreta concesión al hecho de que su interpretación no es la única que vale en este caso.

Tenía curiosidad por ver si el sistema político afectaba el paisaje urbano. Encontré muy pocas carteleras. Hay poco que vender y sólo incentivos que ofrecer. Aquí y allá hay mensajes de Fidel escritos; fotografías del Che Guevara conservadas con cariño en oficinas y hogares. Viejos retratos de José Antonio Echeverría, Julio Antonio Mella y Camilo Cienfuegos se exhiben en sus respectivos aniversarios. Por otro lado, las estatuas de José Martí están por todas partes, con frecuencia adornando jardines—como las imágenes de la Virgen se ven en los barrios residenciales norteamericanos. La enorme estatua de Lenin en el parque que lleva su nombre es una reliquia del período soviético y se ve algo anticuada. Hay pequeñas marcas recordando el sacrificio de patriotas en el lugar donde cayeron durante la revolución. Eso me tomaba por sorpresa al pisar en la acera, al rozar el hombro con alguna pared de un edificio . . . Esta ciudad honra a sus muertos; sus cementerios son increíblemente bellos. El Cementerio de Colón y el Cementerio Chino son ciudades-miniatura, sus calles y avenidas bordeadas con mausoleos. El Cementerio Judío es muy hermoso, emplazado en una colina que se eleva sobre Guanabacoa.

De nuevo en la vívida ciudad, los enamorados se sientan en el muro del Malecón mirando hacia el mar, por las ventanas se cuela la música que se escucha o se toca en las viviendas, y los habaneros ponen en práctica una de sus recientes consignas: El deporte es el derecho del pueblo. La Habana cuenta con grandes estadios, pero sorprende ver tan pocos lugares donde practicar básketbol y béisbol y pistas donde correr en una sociedad que adora los deportes. Me dicen que esos siempre se han practicado en las calles de La Habana. Si de béisbol se trataba, las cuatro esquinas de una intersección servían de bases, con el pitcher en el centro. Pero esos juegos callejeros causaron tantos problemas—muertos, heridos, enredos de tráfico—que el gobierno los prohibió en una época. Recientemente, con la falta de gasolina y poco tráfico en las calles, los viejos pasatiempos han vuelto a practicarse.

Me interesaban las iglesias. ¿Estarían abiertas? ¿Habrían servicios religiosos? Desde luego que sí. No sólo están abiertas las iglesias, sinagogas y conventos, sino que hay nuevo interés en la religión afro-cubana, la santería, sobretodo entre la juventud. No es raro ver ofrendas de cintas y conchas marinas y pequeños huesos de ave en los cementerios, estaciones de ferrocarril y la muralla del Malecón.

Tenía curiosidad por saber algo de lo que se había construido después del 1961 en esta sociedad post-revolucionaria. Encontré la Escuela Nacional de Arte, construida en 1965 en el campo de golf del Country Club. (Afiliación al Country Club para su hija Milly fue lo que destruyó a Wormold en la novela de Graham Greene *Nuestro hombre en La Habana*, ¿recuerdan?) Allí cerca está la residencia del representante de Estados Unidos. Pocos norteamericanos saben que esa mansión fue construida como un posible lugar de retiro para el presidente Franklin Delano Roosevelt. Volviendo al presente, en el vedado está el puesto de ricos helados *Coppelia*. Construido en 1966, ocupa toda una manzana rodeada de árboles y setos. Día y noche los habaneros hacen cola para comprar sus refrescantes y famosas cremas heladas. De noche los amantes se dan cita entre los árboles que orlan la manzana.

Los cafés y restaurantes están cerrados o abren sólo unas horas al día. (El bar Floridita es una excepción por ser el lugar favorito de casi todos los turistas.) Al menos media hora antes de abrir, los cafés y restaurantes tienen una cola de clientes esperando entrar. Entre los restaurantes está El Conejito, que data del 1966, llamado así porque todos los platos del menú están hechos con carne de conejo. Así sobrevivió este lugar la escasez de alimentos principales.

Aunque parezca increíble, se forman grupos de unas veinte personas para construir su propio edificio de apartamentos. Trabajan de noche y los fines de semana bajo la dirección de arquitectos voluntarios. Pude ver algunos ejemplos de viviendas bonitas y prácticas, y vi también veinte años de pruebas y errores en los prototipos soviéticos que, como todos reconocen, fueron un fracaso.

Es una comunidad cautelosa. En todas partes se construyen túneles para refugio. Casi todos están ocultos pero pueden notarse en los acantilados de piedra-cal que orlan algunas calles y barrancos de La Habana. Da pena ver ese tipo de obra. Por esa cautela extrema no fue fácil fotografiar en La Habana. Aunque el Ministerio de Relaciones Exteriores me alentó a tomar fotos de cuanto yo quisiera, a cada paso los que estaban a cargo de cada lugar o edificio me pedían identificación y credenciales. Yo no podía prepararme para esos percances puesto que eran diferentes de un lugar a otro. En el Hospital de Maternidad Obrera me pidieron que esperase a que el cirujano a cargo terminara una operación, viniera a recibirme y me invitara a proceder con mi misión. Eso podía ocurrir diez veces diarias. En ocasiones yo tenía que esperar que se escribiesen cartas pidiendo permiso de una burocracia a otra, empezando con: "Saludos en el trigésimo cuarto año del triunfo de la Revolución." y a continuación otorgaban el permiso. A veces yo obtenía la autorización para cierto día y hora fijos, y al llegar encontraba que había un apagón eléctrico y el edificio estaba a oscuras. Sin embargo, los habaneros se mostraban complacidos y contentos de que yo fotografiara su ciudad y sus casas. También se preocupaban por mí; ha habido un incremento en delincuencia. Un día, mi cámara, como me dijo un cubano, "al fin se la robaron."

Personalidad y determinación son rasgos característicos de la ciudad. El racionamiento de gasolina ha rebajado el número de automóviles particulares y autobuses, pero las mujeres de La Habana aún usan sus famosos tacones altos, aunque saben que quizá tengan que regresar a su casa caminando. Los habaneros están orgullosos de sus animales caseros que como buenos compañeros tienen que comer lo que haya en casa. Me presentaron a un gato que come solamente arroz. La música es la corriente que anima la ciudad. Las noches habaneras, después del sol abrasador del día, reune a mucha gente en las calles y el Malecón. Yo salía contenta al dejar mi cámara en el hotel. Había tan pocos autos que todo el mundo caminaba en medio de la calle, necesario también por la falta de faroles encendidos que alumbrasen el camino. Durante el Festival del Bolero que animó a toda la ciudad, vi películas con Benny Moré y otras luminarias de la música cubana proyectadas en la pared de un edificio—forma perfecta de exhibir películas tan populares. Los cubanos siguen siendo ases en materia de grandes presentaciones teatrales. En el escenario del Teatro Mella vi un piano de cola, otro eléctrico, un tambor y congas, flautas, trompetas, saxofones y trombones, cada sección en su propia plataforma, cada una en altura diferente, algunas como flotando en las nubes y sólo la cantante, Elena Burke y los bongóes, anclados en el piso del escenario. Fue un espectáculo magnífico, con el teatro lleno y muchos padres con su prole. En el Teatro Nacional había dos espectáculos, arriba uno para los aficionados al tango, bolero y salsa; abajo un cabaret en un enorme salón concurrido por un público más joven.

Muy conscientes de sus hermosos edificios, los habaneros están ávidos de preservarlos. Por ahora los historiadores de arquitectura de Cuba

no tienen papel para publicar su lista de monumentos históricos y obras extraordinarias. Esa lista, por ejemplo, incluye tantas valiosas obras de arquitectura Art Deco como pueden encontrarse en Miami, además de una sorprendente colección de casas y edificios de apartamentos en Art Nouveau. Eso, más las exquisitas estructuras coloniales—conventos, catedrales, plazas y palacios— de las que se ha escrito y hablado año tras año. Los fondos del gobierno siempre se destinan a conservar primero lo más antiguo—y a veces lo más convencional. Mientras que por otro lado las estructuras en Art Nouveau, ya casi centenarias, se van desmoronando paulatinamente.

Este libro presenta mis "favoritos" de La Habana. Como un aficionado de la floricultura, corté ejemplos para mostrar después en casa. Jorge Rigau y yo solíamos intercambiar lo que descubríamos con placer, curiosidad y pericia, compitiendo a veces por los elogios de uno al otro. Nuestros colegas habaneros se sorprendían a veces por nuestro empeño, pero nos animaban siempre a continuar. Al final, cada lugar que incluimos en este libro de alguna forma nos ha emocionado. Hicimos nuestro estudio con orden y conciencia, pero alentados por algo que sólo puedo llamar el corazón, atentos al pueblo y su vida. Como escribe Rigau: "En La Habana el espacio hogareño interpreta el resumen de un pueblo: pueblo de porte y precedentes eclécticos; a veces seducido por el avant-garde . . . hechizado por el ambiente tropical o inspirado por el modernismo; pero a fin de cuentas, en abrazo perpetuo con la historia."
*—Nancy Stout, Nueva York, 1994*

## La ciudad por alquimia

La geografía triunfa cuando el nombre de una ciudad precisa su ubicación. Roma y París ilustran tal privilegio. Al hacer mención de una u otra capital, es usual prescindir de sufijo alguno indicativo de nación. A menos, claro está, que la referencia sea pertinente a ciudades homónimas como *Rome, New York,* o *Paris, Texas.* No todo sitio adquiere categoría de lugar, particularmente cuando la pluralidad de nombres compartidos nubla identidades en los mapas. España y Argentina se enorgullecen de sus Córdobas; California y Costa Rica conjuntamente reclaman su San José; siendo por otro lado muchas las ciudades que honran al apóstol Santiago (de Chile, de Compostela, de Cali, de los Caballeros, de Cuba). La toponimia, sin embargo, ha legado al mundo sólo una Habana.

A través de los siglos, Cuba y sus ciudades han conocido tantos nombres como personalidades afines a éstos: Cristóbal Colón primero llamó "Juana" a la Isla, mientras marinos que después del Almirante atracaron en orillas cercanas optaron por designar su futura capital como *el puerto de Carenas.*[1] La corona española llamó la ciudad *San Cristóbal de La Habana,* después bautizando a todo el país *La Fernandina,* en honor al rey Fernando El Católico. Así pues, la historia ha sabido autografiar la geografía cubana con epítetos múltiples: el de una mujer, de una bahía, de un santo, de un monarca y, antes que todos éstos—probablemente, según se dice—en honor al cacique indio Habaguanex. Tantos nombres como tantas caras integran la ofrenda del tiempo en La Habana.

En Cuba, la diversidad es endémica. Así atestiguaron primero viajeros que temprano se acercaron a la Isla, encabezando una lista extensa de adeptos a quienes, a través del tiempo, se ha hecho difícil dilucidar la conjugación particular de tierra y gente que caracteriza a la más grande de

las Antillas. La herencia de aquellos primeros cronistas aún arroja luz significativa sobre la nación cubana, si bien abarcar la totalidad de ésta no fue nunca su objetivo. Después de todo, aquéllos nacidos y criados en la Isla (o como parte integral de su cultura) estarán siempre mejor equipados para satisfacer todo afán ambicioso de explicación. En este libro (y porque nuestra opción ha sido la descripción), he escogido vincularme a esa temprana, si bien anciana, tradición de los cronistas de viaje: alienta el texto la aspiración—sin presunción alguna—de traducir el paisaje urbano y su lenguaje desde el punto de vista de un visitante a La Habana, o más bien dos: un arquitecto y un fotógrafo.

Si a algunos interesa cómo se construye una ciudad, al dúo que integra este esfuerzo provoca cómo muchos enriquecen cualquier urbe por el mero acto de interpretarla; después de todo, compartir el legado urbano es honrarlo. Con tales propósitos, este texto apropia conjuntamente palabras e imágenes, beneficiándose indistintamente unas de otras. Que hayamos sucumbido ante el pareo de recursos visuales y descriptivos no es mera coincidencia. *La ciudad de las columnas* de Alejo Carpentier—con una edición príncipe que data de casi un cuarto de siglo y fotos accesorias de Paolo Gasparini—resultó inspiración alentadora de la tarea impuesta. La prosa de Carpentier y las ilustraciones de Gasparini se adelantaron por décadas en perpetuar para el futuro la poesía de La Habana como capital arquitectónica de Las Antillas, como ese único lugar del Caribe que resume el patrimonio urbano amplio del mediterráneo americano. Es tan sólo natural que su síntesis reclame y aliente aún más explicación.

En gran medida, aquellos antónimos que usualmente resumen la complejidad de una ciudad resultan insuficientes para describir la capital de Cuba. Frases sinópticas como *lo viejo y lo nuevo, el pasado y el presente, la tradición y la modernidad* sintetizan el devenir de muchas poblaciones, pero igualmente fallan en revelar cómo—al transcurrir los años—las calles, los espacios y los edificios de una isla como Cuba logran trascender como elementos genuinamente "habaneros". En islas vecinas, el Viejo San Juan de Puerto Rico (a pesar de su estado favorable de conservación) evoca primordialmente la nostalgia asociada con pueblos pequeños, pero nunca la excitación de una gran metrópolis. En la República Dominicana, Santo Domingo disfruta de una mayor escala urbana, pero nunca alcanza la exuberancia finisecular que, en un momento dado en el tiempo, dotó a muchas ciudades de la región su perfil arquitectónico más notable y distinguido (páginas 52–53). No hay duda de que, entre ciudades capitales de las Antillas hispanoparlantes, La Habana se destaca insistentemente como la más prominente. Por ello ha sido objeto recurrente de la admiración pública y la obsesión académica. Por ello la bibliografía que actualmente atiende a la Isla es pródiga en temas concernientes a la vida urbana: evocando esfuerzos tempranos de edificación y fortificación; reconociendo la presencia e influencia de la cultura negra en el país, sus cultos y ritmos; o rescatando la música autóctona, particularmente, "el son" como expresión cultural preponderante.[2] A pesar de la importancia insoslayable de cada uno de estos temas, reconocemos en este texto atención reducida a ellos por razones diversas, en su mayoría vinculadas a mis varias visitas a La Habana, efectuadas de 1988 a 1992—cuatro en total —motivadas primordialmente por el deseo de constatar la existencia y naturaleza de un caudal de espacios y construcciones que archivo o libro alguno jamás hubiese permitido a un arquitecto imaginar. De tal privilegio se alimentan las páginas que siguen.

Aclaremos. pues. que en cada uno de los viajes. la tradición musical cubana pareció evadirme. logrando hacerse un tanto distante. Caminatas por los muchos vecindarios de la ciudad fueron festín sin tregua de radios y "caseteras." sí, pero casi siempre sintonizadas para escuchar canciones y artistas dominicanos. mexicanos o españoles. también norteamericanos. Los esfuerzos del pueblo por mantenerse al día en sus preferencias musicales parecían haber relegado toda expresión típico-nacional a hoteles y otros locales de turismo. donde su encanto resultaba poco ante lo artificial del contexto circundante. Mi exploración de las calles de La Habana se dio así. carente de abundantes tonadas folklóricas o melodía revolucionaria alguna. Eché de menos el sabor de Celia Cruz. "decana de la salsa." al igual que el eco robusto de Celina y Reutilio. expectativas equívocas de lo que falsamente concebí desde lejos como soundtrack integral a la experiencia urbana en La Habana. También extrañé las voces de Silvio Rodríguez y Pablo Milanés. Los máximos exponentes de la Nueva Trova resultaron en Cuba presencias grabadas pero lejanas. cantando casi siempre fuera del país. Al rememorar sobre las casas de La Habana que pude visitar. suenan más alto y más frecuente los merengues de la República Dominicana que cualquier guaracha o canción de protesta. contrario a lo que uno hubiese esperado. Sin embargo. resultó placentero constatar una vez más. que al Caribe siempre lo une y unirá su música. que nuestras islas conforman un archipiélago donde el trueque musical es norma. y que así ha sido siempre. Como consecuencia. no se puede adjudicar un origen único a las expresiones nacionales más populares de la región: la danza. el merengue. o la salsa.[3] Aunque muchas veces con renuencia. en las Antillas se ha dado todo siempre en intercambio. incluyendo a su gente.

Para Cuba. el legado africano ha sido denominador determinante. Por siglos. la raza blanca ha sido allí minoría. En la época colonial. tal peculiaridad demográfica acrecentó miedos sobre posibles sublevaciones esclavas. alentó la crueldad contra la mano obrera negra y retrasó (en contraste con otros países) el logro social que representó la abolición en todo el mundo. La gran emigración española que la Isla experimentó a fines de siglo no alteró significativamente el perfil étnico preponderante: por el contrario. subrayó las diferencias imperantes. La endogamia que caracterizó a estos inmigrantes—y el control que ejercieron sobre el poder social y económico como privilegio de pocos—mantuvo a negros y blancos (a pesar de los traslapos inevitables) como dos culturas ajenas compartiendo mutuamente un espacio geográfico.

Aunque nadie cuestiona el impacto imperecedero del negro en Cuba. una tradición vinculada a éste aún se anida en la Isla: el chiste basado en la diferenciación racial. Si bien esta expresión de humor étnico exterioriza un prejuicio centenario. en mejores circunstancias también celebra ese crisol de razas que constituye el universo antillano. En La Habana. la cultura negra prevalece sobre la vida cotidiana. muchas veces sorpresivamente(página 49): cuando sonidos que le son característicos emanan de un salón comunal donde músicos de extracción diversa ensayan: cuando

el entorno público es escenario de danzas africanas. o una calle cancha de un partido de basket: cuando se promueve el boxeo y el quehacer de boxeadores como propio de la raza: también cuando reverberan los rituales exaltados de santería. esa religión donde Cristo y África han tenido a bien emparentar con el Caribe. Aún cuando hoy son muchos los cubanos (blancos. negros. residentes y exiliados) que practican la santería. las pormenores de tales creencias escapan al lego que intenta escrutar sus signos a simple vista. Ofrendas que a modo de altares adornan salas de santeros sólo logran impactar como curiosidad al no iniciado. Semillas. cuentas. camándulas. flores y vasijas junto a velas—todas del más diverso origen—se acumulan en aras que honran deidades de las que se espera un favor. Muchos coleccionistas persiguen estos artículos del fervor con fascinación (página 21 abajo). aunque. en más de una ocasión. su significado más profundo les elude. Lo antropológico es dado a ser. casi siempre. menos evidente que lo arquitectónico.

Aún el menos conocedor asimila la ciudad en la que vive o visita a través de los edificios y espacios públicos que ella ostenta. A pocos individuos interesa la especificidad de un evento histórico o las influencias culturales que han moldeado el mundo que les rodea. Aunque sin duda elementos constituyentes de la experiencia urbana. ni los eventos ni las influencias se hacen inteligibles a simple vista. Quizás puedan percibirse intuitivamente. y llegar a sentirse. pero no a todo el mundo resulta palpable su origen. alcance e impacto. Como resultado. toca a la arquitectura asumir responsabilidad por el mensaje urbano. Las calles. las plazas y los parques—e igualmente las residencias—resultan expresión elocuente del modo diverso en que cada nación apropia su espacio. En el Caribe. como en cualquier lugar. las características de tal apropiación exigen clarificación constante.

Sabemos que los edificios institucionales de carácter público y monumental en que se ha confiado para engalanar la región han optado por reflejar modelos metropolitanos importados: los capitolios. muchos teatros y gran variedad de templos de Cuba. Puerto Rico y la República Dominicana comparten. por igual. vocabulario tomado en préstamo de estructuras comparables de Europa y Estados Unidos. En cualesquiera de estas edificaciones caribeñas—confeccionadas para complacer. pero nunca cuestionar. al poder colonial—se hace difícil diferenciar una identidad particular a cada isla. Por estas razones. y a pesar de su porte arquitectónico impresionante. es fácil retraerse de elogiar incondicionalmente el Capitolio de La Habana (página 19) o el popular Palacio Presidencial (páginas 66–67) en la misma ciudad: ambos diseños—en esencia. forma y ornamentación—se nutren primordialmente de los logros previos de culturas ajenas. A aquellos interesados en expresiones edilicias más afines a lo antillano. en contraste. nos seduce prioritariamente la arquitectura residencial de la región. si bien ésta resulta menos grandilocuente. Una casa es mejor eco de vida viva que cualquier monumento o edificio cívico. En el Caribe. y con el devenir del tiempo. ha sido la vivienda privada el verdadero predio nuestro de experimentación. donde ideas espaciales importadas se han visto sometidas a la transformación genuina que auspicia la creación de algo nacional.

En Cuba. por ejemplo—en La Habana Vieja. pero también en Cárdenas. Matanzas y otros núcleos—muchas residencias coloniales incluían.

no un patio interior. sino un par de ellos. Esta configuración representaba una variación singular de la casa con patio único que proliferó en la mayoría de las más viejas e importantes ciudades de Latinoamérica. No sólo era típico de los constructores cubanos proveer dos patios en sus casas. sino también localizar el área de salón comedor entre ellos. en dirección paralela a la calle. Dicha disposición espacial. conocida por obra cruzada. dotaba al primer patio de un carácter más formal. relegando usualmente las funciones del servicio al patio más distante de la calle. Este segundo espacio. o traspatio (muchas veces menor que el principal). cobijaba la empleomanía doméstica en sus labores de lavado. secado. tendido de ropa. limpieza de la casa y servido de comida. La secuencia por la cual uno accesa de la calle al primer patio y luego. al segundo de ambos en casas cubanas es única a la cultura de la Isla. Otras islas. como es de esperarse. exhiben también modalidades propias en lo que a la vivienda se refiere. pero ninguna adopta el esquema de patios haciendo dúo. tal cual éste se repite de una localidad a otra en la mayor de las Antillas.

Irónicamente. recurrencias arquitectónicas o urbanas como las antes descritas no han sido atendidas con insistencia por los historiadores de la Isla. Lo que influyó en un estilo y el carácter derivativo de la decoración ha estimulado prioritariamente a investigadores. por otro lado parcos en explicitar aquellas instancias en que la cultura propia ha evidenciado un común denominador espacial o arquitectónico. Fascinados por todo lo que ayude a esclarecer el origen de algo. los historiadores cubanos se han inclinado preferentemente hacia el tema indígena. las Leyes de Indias. las fortificaciones. sistemas amurallados. y estructuras de tipo civil. cívico o religioso. Con frecuencia. esta mirada retrospectiva se recrea en extensas descripciones. ya sean de una fachada o un ventanal. deteniéndose para reconocer. escrutar y validar toda fuente documental. Como el estilo se torna distracción para muchos de estos relatores. la identificación de lo propio a su cultura constituye su más importante omisión.

A esos efectos. La arquitectura colonial cubana de Joaquín Weiss—texto indispensable para comprender los esfuerzos tempranos de edificación en La Habana—puede ser hoy releí lo más como informe de la influencia española en la Isla que como testimonio de logros propios. Tal postura era producto de la óptica imperante entonces. Durante las primeras décadas del siglo veinte. los intelectuales latinoamericanos insistían en validar su herencia construida en función de la del Viejo Mundo. Weiss. a tono con sus tiempos. descansó en las filiaciones como explicación suficiente.[4] En aquel entonces. adjetivos como barroco. neochurrigueresco y andaluz—a pesar de su aplicación amplia e imprecisa—resultaron útiles para equiparar la arquitectura local caribeña con la europea. Fueron muchos los edificios así apodados y erróneamente adjudicados un escudo de armas que. en realidad. era propiedad de antecesores demasiado distantes.

Este "apropiar raíces de otra parte" emerge. casi siempre. como posición poco concluyente. carente de validación alguna de lo autóctono. Porque. ¿cómo explicar entonces todo aquello que se resiste a precedentes y las muchas expresiones que desafían cualquier genealogía? Profundizar en la experiencia colonial española y el carácter de rebote que adultera a los estilos en el Caribe no ha provisto respuestas aptas para tales interrogantes.

Ni una ni otra gestión han gestado en la región la valoración conjunta de su herencia construida. Sin embargo, en La Habana este legado amplio insiste en brindarse espléndido a todo aquél ávido de reconocer que el centro histórico de la ciudad—sede de su importante arquitectura colonial—es sólo uno de muchos protagonistas del drama urbano cubano.

Urge un reenfoque de La Habana para trascender la etapa de su niñez urbana y atender un período más maduro de su desarrollo: el período que, a falta de mejor término, se comprime en la frase "fines de siglo". Todo historiador, ha de concederse, es timoneado por sus preferencias, y las mías—tal cual este texto constata—incumben a aquellas transformaciones que La Habana sufre a fines del siglo diecinueve e inicios del corriente. El análisis y la crítica que ahora afloran sobre el período, encuentran apoyo en esfuerzos investigativos recientes que han servido como agente catalizador para la apreciación de una arquitectura de gran valor, solo esporádicamente reconocida como tal.[5] No es exageración aseverar que las ciudades que conocemos, queremos, o recordamos, son primordialmente producto del fin de siglo pasado, ya sean éstas de Europa, América, o su Caribe Hispano.

En las cuatro décadas comprendidas entre 1890 y 1930 (y abrazando excepciones que son de esperarse en toda cronología), el Caribe de habla hispana experimentó cambios sin precedentes. En Cuba, Puerto Rico, y la República Dominicana, la ideología del progreso y una renovada vida urbana ponen en entredicho a varios siglos de una práctica habitacional eminentemente rural. Con una robusta economía de importación y exportación como telón de fondo internacional, la industria del azúcar prosperó en grandes proporciones. El comercio creció, y también las ciudades y sus zonas portuarias. La primacía de una nueva clase burguesa ocurrió paralelamente al auge de trasvases poblacionales que, junto a una demografía ascendente, cambiaron la faz de todo asentamiento. Las ciudades se densificaron, extendiendo su perímetro mediante "ensanches" (extensiones adicionales a su retícula original) e incorporando espacios cívicos, obras públicas, y vivienda colectiva. Proliferaron los parques, paseos y bulevares. Teatros, mercados y casinos[6] de sociedad complementaron el paisaje urbano renovado, contrastando marcadamente con el aspecto sobrio, casi austero que caracterizó a los núcleos coloniales en sus comienzos.

En este sentido, a veces se dificulta reconciliar la complejidad espacial de La Habana finisecular con la sencillez del tono de su arquitectura colonial (página 64). Nunca desprovista totalmente de ambición estética, esta arquitectura temprana rara vez logra despojarse de la poesía que el tiempo regala a todo esfuerzo de carácter primigenio. En estructuras como la Iglesia de Guanabacoa, construida en el siglo diecisiete, lo poético ejerce atracción a nivel primordialmente subconsciente (páginas 58–59). Los muros de este templo de pequeña escala y cercado, conmemoran la persistencia de la fe ante el tiempo, paralelamente reconociendo el mérito de buscar la belleza en lo humilde. Un esfuerzo comparable e igualmente atractivo resulta tan elocuente: la Iglesia de Jesús del Monte (página 57). El interés en este templo, edificado con posterioridad al de Guanabacoa, es coartado por frisos ostensosos y una torre cuya escala exagerada parece intimidar antes que atraer feligreses. Las proporciones

excéntricas son en Jesús del Monte espejo de la pretensión humana. Nada jactancioso, por el contrario, permea en el templo de Guanabacoa. Un estilo específico firma con fecha precisa la primera iglesia, mientras la expresión artística menos específica de la segunda extiende su vida sin distinción de tiempo. El templo más modesto emerge en sincronía con lo frágil de la escala humana. Y su pórtico simétrico, autónomo—consistentemente contrapuesto a la fachada asimétrica en el patio—subraya contradicciones humanas vitales que trascienden la nobleza de toda aspiración religiosa. ¿Pensó en tal mensaje el diseñador o constructor de tal recinto? Es algo que, a fin de cuentas, no debe preocuparnos. Es destino de toda intención original verse desbancada (es decir, complementada) por interpretaciones ajenas que al pasar del tiempo suscita. Nutridos por los múltiples significados en el presente, los edificios logran extender su vida, constituyéndose en entes cambiantes y, por ende, fecundos.

El interés perenne en el legado español/colonial de Cuba reconoce una serie de *leitmotiven* nacionales muy idiosincráticos, reiterados como tal en las más tempranas expresiones del gusto arquitectónico de la Isla. Entre diversos detalles constructivos típicos, merecen mención destacada las vidrieras en colores llamadas *medios puntos* y los *techos de alfarjes*. De uso común en La Habana, los cristales de colores enriquecen por cromatismo la luz que se filtra a través de ellos en incontables puertas y ventanas, pero particularmente en los montantes que sobre éstas descansan (página 45). Frecuentemente grandes—de forma semicircular, a modo de abanico y también de arco en carpanel—los montantes vidriados de Cuba son mosaicos usualmente compuestos por destellos amplios de color. En estos medios puntos, la fuerza de la luz del trópico se somete a los colores primarios; el rojo, el azul y el amarillo son preferencias que excluyen cualquier tono sutil que intente suplantarlos. Verdadero festejo visual, el medio punto ha sido personificado por Alejo Carpentier como "Intérprete entre el Sol y el Hombre," por domesticar la luz, fragmentarla y someterla al pago de "los derechos de alcabala de lo solar". Nos revela el autor, "supo el Sol que para entrar en las viejas mansiones—nuevas entonces—había que empezar por tratar con las aduana de los medios puntos."[7]

Deslumbrados por el despliegue interminable de columnas tan peculiar a La Habana, tanto el autor como el fotógrafo de *La ciudad de las columnas* olvidaron otro gran atributo de la arquitectura colonial: sus techos de alfarjes. Por combinar vigas paralelas e inclinadas, esta forma de techar logró constituirse en recurso adicional de definición espacial para interiores cubiertos con techos a dos aguas. Estructuras residenciales e institucionales adoptaron los alfarjes, por resultar efectivos tanto a la escala reducida de una casa como a la más extendida de un templo.[8] En adición a sostener estructuralmente el techo, el sistema de alfarjes propicia un énfasis perceptual deliberado: por destacar el cielo raso, resta importancia a las paredes, que quedan en segundo plano. El plafón aparenta así ser independiente del cuerpo del edificio, a pesar de definir jerárquicamente el espacio que contiene. Son muchos los ejemplos que ilustran el efecto, pero uno de mi predilección basta: la Iglesia de Regla (página 70), poblado que—confiado en que forma parte de la ciudad—encara a La Habana desde el otro lado de su bahía. La construcción del templo es algo cruda. Paredes largas y llanas

definen la nave principal, extendiéndose verticalmente hasta alcanzar el arranque del techo en arco, cuya forma es resultado de la disposición particular de las vigas de madera: la que corre paralela al piso se conoce como *harneruelo*; las restantes dos, en ángulo, se reconocen como *alfardas*. Paralelos al harneruelo corren tres pares de vigas llamadas *tirantes*. La naturaleza trasparente de estas vigas dobles (con visibilidad entre una y otra) facilita una lectura dual del espacio donde se ubican: coexisten solapadamente el plano horizontal que sugieren los tirantes y la techumbre en pendiente, sin cancelarse uno y otra. En Regla se nos ofrece el espacio como fenómeno inclusivo, no exclusivo.

El conflicto y el contraste, aunque primos, distan mucho de ser sinónimos, condición ratificada dentro de la propia iglesia de Regla, en el ábside donde culmina su nave principal. Aquí, un altar neoclásico se impone. Traído (en barco o en idea) del Viejo Mundo, dicho altar aparece flanqueado por dos puertas dobles diminutas de apariencia mansa. En escala y ornamentación (especialmente sus montantes calados) resulta muy caribeño este par de puertas, resaltado como se nos presenta, contra su vecino europeo más presumido y osado.

Quizás porque Cuba ha confrontado tradicionalmente toda contradicción aparente con conformidad, los historiadores han eludido algunas de sus expresiones culturales más vitales. Lo que hace atractivo a todo entorno urbano—la diversidad como condición, los traslapos como constantes—precisamente dificulta su definición. En consecuencia, nuestro entendimiento de La Habana no difiere del de muchos otros; representa sólo uno de los muchos modos en que la cultura cubana puede apropiarse. Toda imagen filtrada por un lente constituye un fragmento de la realidad, enmarcando, encogiendo o agrandando a discreción, aspectos varios de la misma. Que el paisaje de un país desafíe la síntesis, no desalienta su análisis, particularmente cuando están en demanda explicaciones nacionales y regionales referentes a las Antillas de habla hispana como parientes cercanos.

Aún cuando el lenguaje, el clima y la política unen a estas islas inexorablemente, sus ciudades parecen haber sido, más bien, producto de la alquimia. Quienes en su obsesión por emular a Europa y a Norte América concibieron y conformaron asentamientos caribeños como San Juan, Santo Domingo de Guzmán y San Cristóbal de La Habana, acabaron por traicionar sus intenciones originales y—sin querer queriendo—dotaron al archipiélago antillano de su paisaje urbano sin igual. Desde siempre, arquitectos y planificadores han laborado en esta región al estilo de alquimistas medievales: su determinación de imitar fielmente el oro nunca rindió los frutos esperados, pero condujo a descubrimientos importantes. La ciudad caribeña es producto y premio de esta química por sorpresa.

Es de esperar que consistentemente las expectativas del burgués y el pobre se hayan tropezado, pero también fundido, en el perfil impresionante de una ciudad como La Habana, donde la vida hace, con aspereza, alarde de sus extremos: ya sea en un *solar*, albergue de múltiples familias donde antes una sola habitó; o en aquella residencia de El Vedado cuyas paredes su dueño, se alega, ordenó resanar con arena del Río Nilo, importada para satisfacer su ambición eminentemente sibarita. Las casas y la vivienda colectiva—recalcamos—mejor exteriorizan cómo un pueblo vivió y vive. En Cuba, por demás iluminan el proceso mediante el cual su gente—en un momento de la historia, crucial para el mundo—viajó buscando distanciarse de sus orillas. Todo pueblo caribeño conoce lo que es ir, venir y volver.

Mexicanos, catalanes, judíos y chinos representan sólo algunas de las muchas nacionalidades de Europa y Asia que en "La Perla de las Antillas" sentaron cabeza, para hacer familia e hijos. Destacados literatos de Cuba—José Lezama Lima, Reinaldo Arenas, Guillermo Cabrera Infante y, por supuesto, Carpentier—han exaltado el amplio legado étnico de La Habana. El último celebra a los mercaderes de la China que enriquecen en la capital cubana, mientras Lezama Lima recuerda artistas y luminarias que visitaron la ciudad a fines de los años cuarenta y los años cincuenta, entrando en los cincuenta. Cabrera Infante alaba la mujer latina, sea joven o madura, mientras Reinaldo Arenas se proclama víctima y paradigma del arrojo de la masculinidad cubana.[9] Los rasgos distintivos del ser cubano cobran vida en cada testimonio de estos autores: la personalidad intensa, a veces estrepitosa; el empuje (y la habilidad) empresarial; la sumisión al tabaco; y la pasión preferencial por lo llamativo en las prendas y el vestir. Tal cual consta en relatos de quienes temprano—en afán de apreciar—se dieron a la tarea de evaluar al cubano como sujeto.[10]

La vida en Cuba, particularmente en La Habana, ha sido consecuentemente preservada con palabras, tengan éstas a bien aparecer en páginas de un libro o en alguna pared. Como en el muro al que el Art Deco sirvió de fondo para presagiar la caída de un dictador, hoy conservado como símbolo del logro colectivo que representó su destierro (página 74). En una verja en las proximidades de la Universidad, por el contrario, nombres raspados en acero pintado subrayan el afán de individualidad subyacente a todo esfuerzo humano, sin siquiera considerarse el socialismo excepción (página 75). El idioma de una ciudad es, a fin de cuentas, el más justo espejo de su sociedad. Para quien conoce a La Habana, ese lenguaje es espectáculo. En una isla como Cuba—extensamente poblada—el asentamiento fundado en 1509–10 por Sebastián de Ocampo aún se impone,[11] y su paisaje construido—como veremos—desafía toda comparación. No en balde los cubanos, en adulación de su ciudad capital, proclaman: "Cuba es La Habana: el resto es la Isla."

### El lienzo voluptuoso del entorno

El verde le sienta a La Habana. La vegetación, confiada, se pasea por toda la ciudad. Y la arquitectura, cortejada por bosques, parques y jardinería artística—pero también por vegetación silvestre y matorrales—rara vez se desnuda del verdor. La literatura local no parece muy dada a reconocer un hecho que en los mapas se hace difícil esconder: desde tiempo inmemorial, paños de césped, parterres y jardineras, copas y crestas por igual, conforman un tocado que se entrelaza y extiende sobre todo el plano de la capital cubana.

La naturaleza selló prematuramente el destino de la ciudad, asignándole una localización a tono con aquellos criterios que los conquistadores del Nuevo Mundo, desde temprano, estimaron deseables para la constitución de nuevos poblados. La proximidad al mar garantizaba mayor facilidad para comunicarse. Un río propio serviría de vía para la transportación y el abastecimiento de alimentos. Resultaba práctico localizar todo asentamiento en algún promontorio para propósitos de defensa. San Juan de Puerto Rico y Santo Domingo de Guzmán, al igual que La Habana, reunieron tales requisitos. El desarrollo subsiguiente de los tres núcleos revela más paralelismos. Una vez las autoridades españolas determinaron la posición geográfica ideal para cada una de estas localidades, diligentemente trazaron planes de protección. La ejecución, sin embargo, acarreó siglos de esfuerzo.

Europeos versados en cuestiones militares fueron reclamados para diseñar, lejos de su país natal, un cúmulo de fortificaciones impresionantes, trazadas en adherencia a ideas e ideales del período renacentista.[12] Subsiguientemente, con murallas se cercaron los recintos pioneramente aposentados en colinas, en interés de protegerlos de los numerosos ataques provenientes de mar y tierra. Con el pasar de los años, la mentalidad egocéntrica del isleño colonizado se vería exacerbada por la introspección impuesta como resultado de toda una vida contenida entre muros. En Cuba, el recinto amurallado original de su capital se conoce como La Habana Vieja, apelativo con que se reconoce el respeto que la edad suscita.

¿Cuánto del paisaje natural isleño formaba parte de la ciudad colonial cubana? Probablemente, mucho más de lo que se nos ha hecho suponer. Los núcleos coloniales, hoy día transformados en "cascos históricos," distan de ser testigo fiel de su pasado. Cal, piedra y espacios rasos son ahora objeto de solemnización, consuetudinariamente obviando referencia alguna a la naturaleza como complemento de su identidad. Y hemos pagado el precio de tal omisión. En Santo Domingo, la restauración de calles no ha propiciado la recuperación de la vida urbana. En el Viejo San Juan, patios rehabilitados sin resguardo del sol son sólo sombra de la actividad amena que originalmente albergaban. ¿Por qué tantas veces los intentos de revivir el pasado desembocan en atentados contra la historia?

Es imposible concebir, en momento alguno, a la ciudad caribeña como carente de verdor y follaje, cuando en La Habana, la realidad es otra. En contraste con las capitales de Puerto Rico y La Española, el corazón de Cuba aloja la naturaleza con placer y prominencia. Sin amilanarse ante la predilección heredada de la Madre Patria por espacios abiertos pavimentados y desprovistos de vegetación, La Plaza de Armas de La Habana (página 86 arriba) se esfuerza en su personificación de alfombra verdegueante, en contraste marcado con la vecina Plaza de la Catedral (páginas 68–69). Un apetito de grama, palmas, árboles y flores engalana este edredón esmeralda cuyos límites rebosan el patio ajardinado del Palacio de los Capitanes Generales enfrente. Sede del gobierno colonial hasta 1898, el palacio es recatado en su extensión de patio, cediendo el piso a la vegetación un tanto exuberante que alberga. Cristóbal Colón, en estatua, funge como único recordatorio del contexto construido circundante. Desde ciertos ángulos, las muchas columnas de piedra presentes parecen disfrazarse de vida. Sus fustes asemejan proporcionalmente el tallo de una palmera, y las columnas por ello logran, inintencionalmente, camuflagearse entre la vegetación profusa. Los patios colmados de plantas proliferan en La Habana Vieja, que así disfruta de la protección de sol y lluvia, y además adquiere la escala humana que muchas veces escapa a todo entorno de piedra (páginas 80–81). En el Palacio de los Capitanes Generales, lo que fue primer encuentro para Colón con Cuba ha logrado congelarse en el tiempo. Ramas revestidas de hojas y coronadas por flores enmarcan, y evocan, la poesía de aquel primer momento en que la geografía incitó al descubridor a declarar la isla la tierra más bella que ojos jamás vieron.

Por toda la capital cubana, la arquitectura aparece bordada en un verde pródigo que dota a La Habana de gran complacencia en su tropicalidad. Las palmeras se pasean por todas partes. Y triunfan como recurso de verticalidad allí donde la horizontalidad prevalece: pareadas en fila a la entrada del Hotel Nacional (página 87 arriba), o convocadas por cualquiera de las muchas plazas habaneras. Rara vez solas, las palmas tanto emulan seguidores de José Martí en el Parque Central (página 87 abajo); como apoyan a Lincoln en el Parque de la Fraternidad (página 100); o esperan por una sonrisa de Lenin en otro parque que lleva su nombre (página 101). Hermosa como objeto de contemplación, la palmera ancla—metafórica, pero modestamente—toda aspiración caribeña. Frente a esculturas y edificios envidiosos de lo clásico, las pencas de palma son un recuerdo sutil de la identidad antillana, una genuina, pero demasiadas veces mal servida por la obsesión de emular otras tierras.

Sin embargo, ante la presunción que nutre la imitación, cabe admitir, muchas veces aflora la reinterpretación. El proceso no es ajeno al Caribe, y en La Habana se sustenta palpablemente en el Paseo del Prado, ícono urbano sin par en Cuba. Originalmente conocido como La Alameda de Extramuros (y más recientemente, Paseo Martí), esta *promenade* arbolada inicia su recorrido en el Parque Central, labrando su paso por entre manzanas de la ciudad, cincelando en verde el espacio (página 94). El Prado fue inspirado por los paseos dilectos de la Barcelona decimonónica, promotora del programa de *Ensanche*, según concebido entonces por ingenieros pioneros. Si bien la apropiación del precedente catalán es evidente en el Prado habanero, la comparación encuentra objeciones al considerarse la escala tanto más reducida del ejemplo cubano; el carácter demasiado heterogéneo de los edificios en su perímetro; la vegetación tanto más vivaz; y la culminación inesperada de la secuencia peatonal con una vista de El Morro, el fuerte en eje al otro lado de la bahía. El Paseo del Prado vincula el corazón de la ciudad con el océano que la rodea, ratificando que toda cultura urbana tiene como marco un contexto natural. Aunque hoy algo desaliñado, y carente de frondosidad adecuada, el Paseo (así abreviado por el afecto) conmueve con su recuerdo a los cubanos. Puente entre dos siglos, el Prado es fuente de la memoria nacional cubana. Poco logra el tiempo, juglar de la tradición y el cambio, en aquéllos que se saben herederos de un paisaje propio, aunque compartido.

La tierra, una vez consignado un sitio con nombre propio, se adopta como lengua materna. Los habitantes de La Habana son testigos de ello. Para cualquier habanero, el vocablo *malecón* define más que un muro para detener el agua; es el término preciso con que se hace referencia al rompeolas construido al borde norte de la ciudad, con cuna allí donde el Paseo del Prado culmina. A pesar de la carretera de seis carriles que lo vigila y una pavimentación que es sólo por partes atractiva: ausentes árboles y asientos; y siendo castigado ocasionalmente por la marea, el malecón reclama título como fiel y gran pieza urbana de La Habana. A sus pies, el reto de mar y tierra es constante.

brindando a los cubanos como espectáculo nacional predilecto, su propia ciudad capital. Por la curva amplia que traza del este al oeste, el malecón permite al peatón el goce de la metrópolis tal cual expuesta contra el mar (páginas 92–93). Sede de eventos, festivales y carnavales, una vuelta, un baño y unas brazadas, o tan solo un momento de recogimiento, el rompeolas habanero ha acogido, por años y por igual, compueblanos y visitantes. En el Caribe, un cielo abierto ha sido, sabido por siglos, el mejor refugio.

Es de esperarse pues, que el malecón subsista como centro de actividad en La Habana. Sus arrecifes de coral son estanque natural que el menos arrojado disfruta desde la orilla, trago y persona en mano. Hoteles varios rodean el área en aprecio del agua que, periódica y fantasmagóricamente, ha llevado arena a salones de baile. Para enguirnaldarle, el malecón cuenta con edificios de amplios balcones y arcadas que sirven de portal público. Sus fachadas ornamentadas (ostentosas pero, a su vez, libres de prejuicio estilístico alguno) atraen a niños y amigos, también la charla del vecino o un partido de dominó. Literal y simbólicamente, el malecón es el *datum* contra el cual sobrevive la nación cubana. Sólo una estatua estaría incómoda en un lugar como éste, la de Antonio Maceo (página 95 abajo), héroe tornado en monumento, dando la espalda al mar. Asombra como esfuerzo vano la posición del líder de la independencia cubana. Como todo cubano sabe, en La Habana la atracción del agua es ineludible.

En el Caribe, el mar ha sido siempre magnánimo, pero también manantial de molestias. El botín de España en el Nuevo Mundo—oro, plata y piedras preciosas de México y Perú—arriba a La Habana por las mismas aguas que incitaron a los piratas a saquear la ciudad. El mar que trae anualmente los alisios, ha sabido alentar también tormentas. Noventa millas de olas se interponen entre Cuba y Estados Unidos, y durante dos siglos se ha debatido agriamente si es propio culpar a tan insignificante distancia por atar y de una vez aislar los dos países. No es que los cubanos y los norteamericanos sean incapaces de llegar a un acuerdo: demasiados denominadores que vinculan a ambas culturas prueban que no es así. Ernest Hemingway es, probablemente, uno de los más conocidos y accesibles.

Por reverencia e interés de disfrutar la Isla, Hemingway hizo de Cuba su hogar, inspirando en el país designación extraoficial de hijo adoptivo. En reciprocidad, los norteamericanos coinciden en reconocer su compatriota como traductor oficial del trópico. Recurrentemente, fieles a ambos lados del Océano Atlántico renuevan sus votos literarios en La Habana: sucede y se repite cuando adeptos peregrinan a la casa del autor, transformada en museo; cuando expertos discuten y reevalúan su trabajo; y, por supuesto, cuando mientras beben, los curiosos husmean por su firma en La Bodeguita del Medio. Otros rituales incluyen la visita obligada a Gregorio Fuentes (página 108), aún vivo, marinero con quien Hemingway compartía sus ratos de pesca. Fuentes es el heredero del recuerdo de su capitán.

Los muertos, en más de un modo, dominan La Habana. Además de honrarle los santeros, los vivos proclaman su vigencia citando con frecuencia a próceres y patriotas en apropiación de sus ideas. Líderes, ricos y el hombre común se dan cita en un mismo lugar de reposo: el amplio y no menos ampuloso Cementerio de Colón que, por su tamaño y contenido, es metáfora insuperable de la necrópolis como ciudad (páginas 102–3). El acoplamiento del cementerio a la urbe es producto del *collage*, destacándose el camposanto sobre el mapa de La Habana por su contorno rectangular cuadriculado. Dispuesto en ángulo con respecto al resto de los bloques de la ciudad, el Cementerio de Colón endosa antiguas ideas de la planificación romana. Dos calles principales perpendiculares generan un patrón espacial cuadriculado. Las dieciséis "ínsulas" resultantes sirven de bandeja a la arquitectura funeraria más notable que se conoce en el área caribeña. Está incluida la tumba de quien diseñara la portada imponente de entrada. De nombre Calixto de Loira, el artista español fue uno de los primeros en disfrutar de la quietud del recinto.

La entrada del cementerio se eleva en el sector sur del Vedado, el gran barrio occidental de La Habana, y despliega sus arcos en símil de la muerte: puerta y muro, límite sobrecogedor, frontera seductora. Más allá de sus tres aperturas, ya adentro, la vista adopta una forma apaisada, a modo de ciudad miniaturizada. Una capilla culmina el eje central, orlado por árboles cuidadosamente podados. La perspectiva se nos brinda enmarcada *en coulisse*, tal cual la resaltaría cualquier pintura barroca. Un mausoleo en honor a víctimas de un incendio flanquea un lado de lo que sería el cuadro; del otro, una palmera es espejo de la verticalidad del monumento en piedra. Ambas instancias de esbeltez subrayan la importancia de la fachada que se asoma entre ambos. El espíritu cubano parece siempre más afín al balance sutil que a la simetría rigurosa.

Consideraciones de propiedad estilística no logran tampoco prevalecer. En el Colón (dos palabras que en La Habana son dirección), mausoleos de todo tipo parecen protestar intento alguno de agrupación lineal, imponiéndose la expresión ecléctica como código cosmético. El deseo finisecular de abarcar mil y una tendencias y tradiciones—la ideología de quien Martí identificó como "el criollo exótico"—aderezó con lujos extravagantes el camposanto habanero. El deseo de figurar y prevalecer induciría a la élite a dotar a edificios y tumbas, por igual, de aspiraciones cosmopolitanas, peculiar ambición decimonónica de abarcar toda cultura e influencia, con la confianza de lograrlo.[13] Validada así la apropiación de toda expresión artística, muchos cementerios se tornaron en catálogos para el arte del injerto, cómodos en la yuxtaposición del gótico tardío con el temprano (página 104), de lo *nouveau* próximo a lo clásico, o lo tradicional en entrega incondicional a lo *moderne*.

En el Cementerio de Colón, han pactado múltiples ideologías. Burgueses, patriotas, rebeldes y creyentes comparten aquí destinos dispares, obligados a coexistir bajo un mismo cielo y suelo. Un panteón de 1871 honra ocho estudiantes que fueron víctimas del poder colonial y sobrevive ciento veinte años después como monumento. Su columna trunca es símbolo decimonónico obligado para representar aquellas vidas que el tiempo designó breves. Así lo fue la del general Antonio Maceo, y breve su sepultura (página 107). Líder negro, notable por raza y obra, Maceo dista de estar a gusto entre la vanidad que exaltan tantas tumbas. Pero bien dice el refrán: "La muerte todo lo muerde".

La tristeza es, sin embargo y por ratos, ajena al Cementerio de Colón, donde cielos de azul límpido, luz diáfana y ofertas florales tímidas son derroche cromático común. Amapolas, helechos, hibiscos y trinitarias colman envases a granel, particularmente allí donde se trata de complacer a "La Milagrosa," según la lápida lee, lugar de reposo de Amelia Goyri de Adot, fallecida en 1901. Con la imagen de una mujer, hijo en brazos, cruz en alto, es ésta la más venerada de todas las tumbas, objeto tanto de reverencia como de superstición (página 105). Las mujeres estériles rezan a su efigie de mármol, rogando benevolencia para el disfrute de la fertilidad. Al retirarse cualquiera de la tumba—según se dice y muchos creen—no debe nadie darle la espalda. Y así lo hacen todas las que, con su favor, esperan ver germinada su semilla.

Ante el dolor característico de un cementerio, la naturaleza es agente de sosiego. Calman palmas orgullosas que, oscilantes, tientan un fondo de nubes, pero también distrae, por juguetona, la jardinería artística. Árboles moldeados como espiras y arbustos acampanados son pareja inesperada de muchas lápidas y presencia común fuera de estos muros, en otras localidades de La Habana. Quinta Avenida, una de ellas, impacta como bulevar profusamente ajardinado, atravesando varias manzanas del sector de Miramar, dotándolas de su propio paseo peatonal y setos verdes extensos (páginas 110–11).

Aparentemente en estado de floración perpetua, La Habana reta con follaje la fantasía. Lo mismo acoge sombreros de copa, que copas invertidas, negando que parezcan intromisión al paisaje. O coopera con una frágil pared de clorofila para distanciar ideologías que en el *parterre* de la política están encontradas. ¿De qué otra forma "deconstruir" el seto vivo que aísla a los jardines en la Residencia Americana de la propia Habana (página 113 centro)? En Cuba, como es evidente, lo ornamental y lo aparente también se entiende a veces como natural.

Paredes de fronda y plafones de espesura natural son habituales en muchas vías. La abundancia irrefrenable de troncos, ramaje y hojas debe haber inspirado a más de un artista a hacerse diestro en la poda y escamonda de árboles. En Paseo, toda rama ignora los límites que las verjas en vano proponen, y las crestas se confunden. Diferente de su tocayo Paseo del Prado, este más joven y más arbolado Paseo es, literalmente, una avenida que sirve de vértebra a El Vedado. Paseo constituye un parque lineal largo, más extenso que La Habana Vieja, formado por dos avenidas que se consideran como una.

A pesar de haber sido siempre un centro urbano denso, La Habana no ha tenido reparos en exhibir su compromiso con la naturaleza, colmando de verde sus innumerables parques, senderos y avenidas. Bien sea por previsión o simple acto de prestidigitación, la ciudad ha sido venturosa en preservar, al día de hoy, mucha de su tierra inculta: en el Bosque de La Habana, ámbito selvoso que bordea la ribera del Río Almendares, el paisaje habanero reafirma la pureza de su estado primigenio. Los árboles aquí se regocijan de amplitud y el silencio humilla al urbanismo cuando levanta la mano. En la inmensidad de esta selva habanera se hace difícil olvidar que, en el comienzo de todos los tiempos, la naturaleza fue deidad.

Al sur de esta ofrenda forestal, se oculta otro Edén. Los terrenos que una vez fueran administrados para la promoción de una cerveza, los jardines de La Tropical (página 115 centro y abajo, página 118 centro), alientan la entrega incondicional de la ciudad al mundo natural.[14] No hay comparación con La Tropical como el lugar más apropiado para satisfacer anhelos paradisíacos de

225

recreación o contemplación. Abundan allí almendros, mamoncillos y higueras, como complemento de sombra a veredas varias donde se aloja el verde abundantemente, aunque en un principio fuese la palma la planta predominante. Diversas amenidades salpican el predio de una docena de acres que ocupan estos jardines; barras, torres de observación, glorietas y una capilla, terrazas techadas, pérgolas, graderías integradas al terreno y un palomar. Una estructura de tres plantas denominada El Castillo reclama interiores de evocación oriental, tanto en su zócalo de azulejos como en patrones geométricos que trepan por sus tapias. Los patrocinadores de la cerveza Tropical podían ir de excursión, pasadía o fiesta al parque, alentados por el señuelo que representaba la oferta de todo primer trago gratis. Empanadas de pollo, ensaimadas y mallorcas se contaban entre muchos otros platos originarios de España que eran servidos en las ferias, bailes y cumpleaños celebrados aquí.[15]

Los jardines fueron desarrollados a partir de 1904 (y a lo largo de seis años) por miembros de la comunidad española residente en la Isla. En La Habana de fines de siglo, éste núcleo extenso de inmigrantes ejercía amplio control comercial, influyendo, por ende, moda y moral. El carácter de La Tropical es producto de su inversión capital y la destreza en mano de obra de su gente. La arquitectura que complementa el ambiente de los jardines—evocativa del Parque Güell de Barcelona diseñado por Gaudí, pero eco menos obvio del *modernisme*[16]—fue concebida y construida por catalanes que escogieron establecerse en Cuba para esta época. La afición por todo lo pintoresco (el gusto tradicional aprendiendo de nuevas técnicas) tradujo así al concreto los componentes del reino vegetal: cada columna se falseó como tronco, el peso de muchas vigas se mitigó para simular ramajes, cada pasamano prefirió ser leño, tornándose toda textura dura en corteza.

Sobrepuesta ante el toldo imperecedero de la naturaleza, la arquitectura de La Tropical resulta tímido *appliqué*, uno que se hace completamente invisible en otro espacio abierto de La Habana, de expresión más contemporánea: El Tropicana (página 115 arriba, página 118 arriba y abajo, página 119). El renombrado cabaret ofrece lo mismo que la cervecería obsequia: un lugar de estar con ramas por cubierta. Allí se dan cita habaneros y extranjeros, rendidos por igual ante el *joie de vivre* cubano y el placer sensual. Mientras La Tropical gratifica pasiva, casi bucólicamente, los sentidos, El Tropicana los exalta: a la primera se va con los padres, al segundo uno va en pareja. En los jardines cerveceros, la arquitectura parece en duda de imitar o burlar la naturaleza que tiene por marco: cepos, setas y sarmientos en hormigón armado resultan presencia irónica al mezclarse con lo que imitan en vivo. En el club nocturno, por contraste, la arquitectura se diferencia con mayor orgullo de su fondo visible. La nostalgia se apropia del que deambula por el paraje cubano con ansias de catalán: Tropicana, también, es opción de distracción, pero hasta el punto de la enajenación. El pasado nutre los jardines; pero el presente es lo único que importa en el *nightclub*. Es de esperarse que así sea, pues La Tropical, a fin de cuentas, fue maquinaria importada, y el comparable moderno debe su encanto al medio caribeño.

No hay que dudar la masculinidad de La Tropical, ni los rasgos femeninos de El Tropicana, aún cuando en ambos casos la gramática (el artículo definido que precede al nombre) desoriente

respecto al verdadero género o sexo del espacio. Uno es selva irenarca, la otra, jungla por tropelía. Mientras columnas toscas unen esfuerzos para sostener el antiguo salón de baile de los jardines, la esbelto se apropia de los apoyos, barandales y mobiliario de El Tropicana. Un lugar es eminentemente rural y el otro, con tan escasa construcción como el primero, es eminentemente urbano. La ausencia de un techo en el salón de fiestas convida la noche: carpas y toldos en La Tropical frenan abiertamente la luz. Así se han repartido sol y luna los mundos en que cada uno sirve a la naturaleza en La Habana.

Las bacantes también reconocen al Tropicana como lugar de culto. La obra que en honor de las ménades griegas esculpiera la cubana Rita Longa y que dominara una vez la estancia en la entrada del Gran Casino Nacional, ha tenido como destino final un recodo en el club de Marianao (página 97). Debe admitirse que estas figuras mitológicas—ahora presidiendo un predio menos extenso—parecen sentirse más en casa. Las bacantes, no debe olvidarse, ejecutaban sus danzas rituales en honor a Baco de noche, prefiriendo parajes arbolados en montañas apartadas.

Las bacantes de Rita Longa pertenecen a un tropa de exploradores de piedra que tiene por sede a la región. Alguien debería documentar la vida itinerante de tanta escultura que en las Antillas persiste como estatua ambulante. En Santo Domingo, el busto de la reina Isabel II ha tenido que ceder su sitio en dos ocasiones. Del sector denominado Los bomberos, junto al Parque Independencia, trasladó su residencia próxima a El Alcázar, para luego mudarse al recién construido Faro de Colón. En Puerto Rico, dos efigies del descubridor y de Ponce De León permutaron puesto y plaza. También, cuatro esculturas que celebraban las estaciones abandonaron su sede en el Paseo de La Princesa (al pie de las murallas del Viejo San Juan) para hoy pernoctar en la Plaza de Armas de la ciudad. Todo temporaliza, hasta el mármol.

En La Habana, el cambio desafía hasta las piedras: el océano castiga sin tregua al arrecife de coral que es malecón; mil mujeres depositan su confianza en una lápida para sentir la vida; y las estatuas nunca se rinden en el juego de las sillas vacías. La tierra en Cuba parece vigorizarse allí donde se baten estos duelos, contra el lienzo voluptuoso del entorno. En la ciudad cabeza del país, sólo un hecho cuestiona la vehemencia de lo vegetal. Desde sus años tempranos carente de una sorprendente cantidad de flores con fragancia, la ciudad no ha tenido otra alternativa que confiar en su arquitectura para perfumar el paisaje, sirviéndose de casas y edificios para reparar la única omisión de la naturaleza en La Habana. Por ser magnánima en todo lo demás, Natura queda excusada.

## Cada aposento se sabe mapa

Para el mundo anglosajón, el término *grangerism* designa una felonía que, en las Antillas, se considera más bien un arte. En el Caribe, lo que el diccionario explica como "ilustrar un libro con grabados de otro texto publicado previamente" constituye práctica difundida, considerándose casi un estilo de vida. Por siglos, aunque no siempre exitosamente, las imágenes importadas han alimentado la imaginación de la región. Esta obsesión tercermundista con lo foráneo ha enajenado a algunos críticos de la cultura antillana. Otros—los más incisivos—no encuentran que el fenómeno sea anómalo: la creatividad es siempre pródiga en fuentes

y, a fin de cuentas, mide su éxito en términos del resultado final obtenido, no de su punto de partida. La arquitectura cubana suscribe tal precepto.

Dos procesos paralelos, nunca independientes totalmente uno del otro, influencian el carácter del espacio arquitectónico en el Caribe Hispano. Uno propicia las diferencias que identifican a cada isla; el otro alienta similaridades entre ellas. De un lado, puede identificarse el proceso mediante el cual consideraciones de tipo económico y social influyen directamente en los contextos de cada isla y provocan la diferenciación de sus arquitecturas. Por ejemplo, para la época colonial, la escasez poblacional de la República Dominicana y la insuficiencia de recursos naturales en Puerto Rico, probaron ser catalizador para definir el perfil urbano de cada país. En La Habana, por sobrepoblación y especulación del suelo, el espacio interior se reduciría drásticamente, haciéndose estrecho y más esbelto y compacto que en ninguna otra isla vecina. Esto puede entenderse como consecuencia directa del perfil demográfico ascendente de la ciudad pero, entre otras cosas, no explica la predilección insistente de la capital en lo que se refiere a fachadas y detalles inspirados en el estilo neoclásico.

Para comprender mejor las preferencias estilísticas de las Antillas, debemos considerar un segundo proceso que opera simultáneamente en cada nación. Tal proceso está íntimamente vinculado a la difusión de la arquitectura como disciplina y concierne el modo en que se diseminan las ideas arquitectónicas, trascendiendo fronteras geográficas y culturales para dotar de un carácter homogéneo a edificios erigidos en contextos supuestamente inconexos. A este segundo proceso conciernen las estrategias y soluciones de diseño que se propagan de un país a otro (usualmente, del primer al tercer mundo) para eventualmente convertirse en común denominador de más de una nación. Por muchas décadas ésta ha sido la forma en que las sociedades periféricas han apropiado las ideas arquitectónicas de vanguardia. En una región como el Caribe, todo cambio estructural de importancia, ya sea en el arte o la arquitectura, ha sido primordialmente producto externo, subsiguientemente importado e internalizado.

En La Habana de fines de siglo, "el exterior" aceptaba dos definiciones: Europa y Estados Unidos. Continente y país—ambos por igual—inyectaron a Cuba su afición por el neoclasicismo, adoptado como dialecto arquitectónico sin mucha cavilación. La ciudad capital, siempre en crecimiento, se convirtió en laboratorio para experimentar, con poco freno, en posibilidades decorativas incontables. El exceso que la cultura cubana había manifestado desde antes en el vestir—hecho corroborado, como ya dicho, por crónicas tempranas—hizo suya la piedra y muchos otros materiales de construir. Familias que establecieron su casa fuera de La Habana Vieja, comerciantes, políticos, especuladores e inversionistas (gran parte de ellos, *nouveaux riches*) auspiciaron sin reparo el lenguaje clásico de la arquitectura, uno de expresión norteamericana, pero de inspiración romántica, italiana y renacentista, con reminiscencias francesas del Beaux Arts. En El Vedado, casas de dos y tres pisos, con torres aún más altas, fueron apostadas contra las calles, luciendo voladizos profundos, y cornisas pródigas en ménsulas (página 123, página 130). El idioma clásico se vio así fertilizado por la opulencia: capiteles jónicos y corintios, columnas estriadas y anilladas, guirnaldas decorativas, cornisas denticuladas y garitas falsas—cada uno y más detalles—reclamaron derecho a revestir la cara de la ciudad en piedra genuina o de imitación. casi siempre de colores pálidos. Sin embargo. la familiaridad improvisada con el vocabulario arquitectónico de moda resultó insuficiente como garantía para el manejo adecuado de su gramática.

Como pasa siempre, la apropiación y diseminación de cualquier lenguaje importado propicia, simultáneamente, desacatar sus cánones. Cronológica y formalmente distantes de su alegada fuente de inspiración helénica. los edificios "clásicos" de La Habana acabaron siendo más tropicales que académicos. La mayoría prescindió de los principios básicos de composición. en lo que compete a forma, proporción o articulación de las estructuras. Reconocer toda opción como válida se convirtió en reafirmación del libre albedrío para cada diseñador. Aún en los mejores ejemplos habaneros del Art Nouveau. el Sezession y el Art Deco. se constata la contradicción de de los preceptos básicos de cada una de estas tendencias. Los edificios que ostentan una apariencia *nouveau* adolecen de insuficiente fragilidad orgánica (páginas 126–27): las estructuras secesionistas presentan un manejo algo crudo de su masa (páginas 166–67): y muchos ejemplos en *Style Moderne* están huérfanos de la misma verticalidad que confirió al Art Deco su elegancia.

No toda construcción adoptó su estilo con desafío. Firmas como Govantes y Cabarrocas lograron éxito en su adherencia a todo principio formal: la casa que a ellos comisionó Orestes Ferrara es. en este sentido, ejemplar (página 134). La morada diseñada para un ex-anarquista oriundo de Nápoles, fue residencia digna para el joven que participó como coronel en el ejército rebelde de 1898: más tarde presidió la Cámara de Representantes de Cuba: sirvió como embajador a Washington en 1928: y luego fue nombrado Ministro de Asuntos Exteriores por Gerardo Machado.[17] Figura política finisecular tan prominente como controversial. Ferrara sazonó su hogar con un aroma ornamental evocativo de los *palazzi* florentinos.

Tres plantas, claramente delineadas como tal. aparecen no sólo bien proporcionadas sino dispuestas magistralmente en elevación para proyectar confianza en el balance. sin someter la composición al yugo de la simetría. El carácter cambiante de las puertas y ventanas en el alzado frontal. hace cada piso más liviano según la vista asciende, culminando la totalidad del volumen con una galería abierta. Por su base y pilastras en almohadillado. el pórtico imponente y la cornisa superior que se proyecta dramáticamente como alero. la propiedad de Ferrara acepta públicamente lo italianizante de su linaje. De corte menos tradicional resulta el volumen segmentado que integran primer y segundo pisos. articulados para albergar un espacio entre ambos. Dos volúmenes gemelos esbeltos—sostenidos por un primer piso común—destacan la concepción total de la estructura en términos geométricos y expresivos, en un espíritu mucho más moderno. Quien es diestro en el manejo del lenguaje clásico, sabe hacer de él, cada vez que sea necesario, un idioma contemporáneo.

La misma convicción alimenta a la que fue casa de Pablo González de Mendoza en La Habana. Hoy anfitriona del embajador de Inglaterra en Cuba. esta residencia pródiga en lujo. ostenta una alberca bajo techo, en un marco evocativo del ideal romano, aunque obstinadamente cubano (páginas

136–37). En un ala aneja a la estructura principal. aparece la piscina conformada a modo de *implurium*, cisterna con la cual recogían el agua de sus techos en sus patios las casas romanas. El cieloraso abierto, por otro lado, no es mera imitación del antiguo *complurium*: aquí un techo de cristal escudaba la lluvia. pero acogía los rayos del sol. En sustitución de la tradicional pendiente hacia dentro. las cubiertas en la casa González de Mendoza se organizan como techo colonial de alfarjes. La sección del harneruelo ha sido removida y sólo permanecen los planos inclinados que conforman las alfardas. El color y la textura contrastantes de los múltiples miembros en madera subrayan la independencia del plafón respecto a las paredes. La evidente autonomía que media entre recinto y techo. subrayada por lo que fue una bóveda vidriada y el *trellage* circundante, fortalece la apertura de un espacio que. aunque abierto. no deja de estar definido.

Un diseño menos extrovertido distingue a la residencia de los esposos Juan Pedro Baró y Catalina Lasa (página 135. página 138. páginas 144–45). Ésta es una casa imponente pero más circunspecta que la de Orestes Ferrara. Baró hizo su fortuna con el azúcar, invirtiendo en tierras y préstamos a propietarios de ellas. Instalado en París. viajaba sólo por temporadas a Cuba. Se dice que su casa en La Habana, construida poco tiempo después de la Exposition Internationale des Arts Décoratifs et Industriels Modernes pasó en París en 1925, introdujo el Art Deco en la Isla:

"Pero si de lujo se trata, difícilmente alguna de las residencias de los más ricos oligarcas supere a ésta. De sencilla concepción espacial que evoca la serena grandeza de las salas hipóstilas de los templos egipcios, es en la rareza y el costo de los materiales que se usaron en su construcción en donde radica el gran reclamo de las opulentas riquezas de este millonario. Las escalinatas exteriores son de mármol rojo 'Languedoc' y en los interiores se utilizaron mármoles italianos raros. como el 'P. Port-Oro' y el 'giallo di Siena'. Todas las rejas son de 'fer forgé' de la casa francesa Baguez. y el estuco empleado en las paredes se confeccionó en la casa Dominique de París. Se dice que la arena usada en los revestimientos se trajo del Nilo."[18]

También producto del estudio de Govantes y Cabarrocas, el domicilio de los Baró-Lasa se presenta elegante y austero, pertinaz en su obsesión de ser *palazzo*, aunque en su interior escasean los italianismos como expresión arquitectónica. El vestíbulo de entrada. el jardín de invierno. y un salón fumador resultan espacios mal logrados: el primero, abrumado por vigas de un ancho exagerado: el segundo, un fracaso aún como falsificación: y el tercero. fuera de proporción con la función que desempeña en la casa. En sala y comedor, sin embargo, es donde mejor despliegan su astucia y maña los diseñadores. Vocablos clásicos y Deco coexisten aquí pacíficamente. apoyándose uno en la presencia del otro. En el comedor. superficies reflectivas dotan de transparencia a muros que. en ausencia ellas. serían tan sólo sólidos, brillando además el cristal y la porcelana que hoy sirven para preservar la memoria histórica de Cuba en un minúsculo relicario (páginas 8–9). En la sala aparecen arcos tradicionales con marcos verticales sólidos que dotan a las paredes de una mayor profundidad. Fuentes de luz ocultas crean la ilusión de una distancia que no existe entre plafón. cornisa y pared. Cada elemento arquitectónico del conjunto reclama movimiento propio. en un

diseño sin temor al efecto teatral.

En casa de los Baró-Lasa, la fachada que mira al jardín posterior resulta menos delirante, sin dejar de ser dramática. El volumen chato. y robusto de la estructura en dos plantas—salpicado de vanos infrecuentes y con una cornisa por birrete—resalta por contraste con el plano inferior ondulado del pórtico de un piso de alto que tiene por corona un barandal en delicado hierro forjado. Las curvas sutiles están preñadas de significación para el Caribe: embellecen las ventanas coloniales de La Habana, pero su más antiguo uso se remonta a Trinidad, poblado cuyo apogeo data del siglo dieciocho. Curvas breves animan los balcones arqueantes de la República Dominicana, dominando, en adición. muchas de las esquinas achaflanadas de Ponce. ciudad finisecular puertorriqueña por excelencia. A través de los años, los muros que ondean con timidez han persistido como blasón antillano de la libertad de movimiento que. muchas veces. la realidad social ha imposibilitado.

A fin de cuentas. ni Orestes Ferrara, ni Pablo González de Mendoza. tampoco Juan Pedro Baró. pueden ser considerados personas representativas de su tiempo y nacionalidad. En los umbrales del siglo veinte. la arquitectura más común de La Habana carecía de la expresión contenida y argumentativa que enriquece las moradas de estas personalidades prominentes. Para la clase acomodada y no tan privilegiada. lo corriente eran las casas de gesto cortés. casi cursi. Caracterizadas por el celo de las apariencias y la decoración, estas construcciones se convirtieron en recurso para endosar lo apropiado y el buen gusto en la arquitectura. Derivaciones varias de la ornamentación rococó—a modo de *appliqué* superficial—se adoptaron. Como resultado, gran parte de los vecindarios de La Habana—San Carlos. Cerro. Lawton. Luyanó. Santos Suárez. Víbora y Vedado, entre otros tantos—fueron atiborrados de adornos en yesería de modo y origen tan diverso. que muchos carecen de un nombre preciso en el idioma español: *tresse, vinettes, rinceaux, guilloches* y otros detalles como los *anthemions* fueron así tomados de su respectiva lengua extranjera y convertidos en presencia ornamental familiar al hogar habanero.[19]

A pesar del lastre en que se tornó su decoración. algunas de las casas lograran abrazar secuencias espaciales complejas. La residencia número 510 en la calle diecisiete de El Vedado (entre las calles E y D). convertida en Centro Antidiabético para la fecha de mi primera visita a Cuba. es ejemplo de ello (página 139). Después de arribar a su portal levemente levantado del suelo—y una vez se abren las hojas de la puerta principal—quien visita disfruta de la vista en perspectiva de un pasillo que se extiende paralelo a lo largo de la profundidad del predio rectangular que la estructura ocupa. Los espacios fundamentales de la casa forman línea con este corredor: la sala abre hacia su izquierda. pero el eje de circulación se mantiene al centro, enmarcado por un par de columnas y entablamentos rotos que hacen compañía a un arco. Más allá de este motivo serliano, un tragaluz del ancho del pasillo acentúa la progresión a lo largo del espacio. Ésta culmina en un salón comedor amplio, de forma rectangular, dispuesto perpendicularmente a la trayectoria de acceso. Una mampara de frágil apariencia oscurece temporalmente la vista, obligando a pausar antes que el corredor culmine en comedor (página 154).[20] El pasillo de esta casa—con su puntal alto y la continuidad que le brindan. en paralelo, dos arrimadillos de azulejos—es espacio con derecho a identidad propia. La secuencia finaliza más allá del comedor, en un pequeño balcón donde el eje organizador de la casa descansa, con vista a un jardín atrás.[21]

Como resultado del éxodo político de la década del sesenta, la arquitectura residencial cubana (casas y apartamientos, por igual) tuvo que renunciar a muchos usos y rituales domésticos para los cuales gran número de sus paredes habían sido enjaezadas y sus espacios engarzados en progresión espacial. El nuevo orden social denunció, sin proclamarlo, la decadencia de la decoración. Despojados de relevancia estética, los frisos estucados, peldaños en mármol, muchos balaustres y nabos, arcos por tranquil, columnas orladas y mamparas, sobrevivieron el impacto, primordialmente, por su funcionalidad aún vigente.

Lemas con propósito de *slogan* invadieron toda superficie habitable, forzando muchos espacios a multiplicarse (más bien subdividirse) internamente. El pragmatismo invadió toda habitación de gran tamaño, forzando a muchas a ceder su altura y a acuartelar camas y gente en áreas denominadas *barbacoas* (página 161). Ya fuese como cama de casa de campaña o catre elevado en postes, la barbacoa alivió, temporeramente, la urgencia de albergar una población en crecimiento, evitando el costo y esfuerzo de nuevos proyectos de construcción. En el proceso de alojar al pueblo por acodamiento, la ciudad acabó rediseñada horizontalmente.

Pero la segmentación urbana, sabemos, le va a La Habana. Persistentemente desbordada de gente, la capital siempre ha endosado la fragmentación vertical de todo espacio disponible. Lo que el ojo percibe como una gran entrada desde la acera a menudo es engaño: así se disfrazan puertas que, aunque sirven viviendas independientes, responden a las proporciones mayores de un edificio a gran escala. Esta solución pone en relieve una especial sensibilidad al diseño, apelando tanto a la escala de la ciudad como la del hombre. Con pórticos que doblan como puertas y, a su vez, funcionan como verjas, La Habana nunca es parca en lecciones para manipular los muchos intersticios de una ciudad. Su caudal de saber pertinente al alojo de un pueblo es, probablemente, el gran legado urbano cubano.

Aunque a algunos parezca inaudito, la creatividad espacial del país hace mejor gala de su talento en la resolución astuta de la vivienda colectiva—las llamadas *casas de vecindad*—y no las casas privadas palaciegas, de estilos derivativos. La especulación urbana y la inversión en la vivienda de alquiler empezó temprano en La Habana.[22] Cerca de 1880, un programa pionero de entrenar constructores en la Isla incluía a las casas de vecindad entre modalidades multihabitacionales viables.[23] Los códigos vigentes identificaban a éstas como estructuras capaces de albergar tres o más familias compartiendo servicios, espacios comunes y facilidades como aseos, cocinas, áreas de lavado, o meramente un patio.

De 1899 a 1930, con la industria del azúcar como imán de inmigrantes del más diverso origen, Cuba triplicó su población.[24] Como resultado de este crecimiento acelerado, La Habana se hizo pródiga en casas de vecindad. Inicialmente, las soluciones improvisadas fueron la norma. Según la clase acaudalada se desplazó del centro antiguo a El Cerro y a El Vedado, las casonas coloniales sufrieron subdivisiones internas intensas, rentándose entonces a la clase menos pudiente. La fragmentación espacial para propósitos de la

especulación trasformó residencias que hasta entonces habían albergado a una sola familia, en colmenas de cohabitación múltiple. Visitantes de la Isla a fines de siglo denunciaron las condiciones inhumanas e insalubres de tales enclaves densos,[25] siendo testigos de versiones tempranas del *solar*, prototipo que el escritor Guillermo Cabrera Infante identifica como "institución de La Habana pobre".[26] Los solares cubanos (al igual que en el resto de Latinoamérica) se desarrollaron en comunidades de tamaño considerable, contenidas en patios y traspatios de edificios (página 141). Producto del interés de maximizar el espacio en manzanas urbanas de gran extensión, pero subdesarrolladas, los solares se tornaron en presencia oculta, a modo de forro interior de edificios más dignos, con presencia a la calle. Tarde en el siglo diecinueve, las más grandes ciudades del mundo vivieron experiencias de redensificación muy similares a la de La Habana.[27]

En la capital cubana, se cobra conciencia de la existencia disimulada de los solares gracias a la tradición de bautizarlos con nombres propios que inclusive llegan a desplegarse en fachada. Higiene Moderna parece nombre inverosímil de vecindario, pero en La Habana se identifica con dicho título a uno de los solares urbanos más amplios y mejor consolidados y preservados del Caribe Hispano (página 38, página 155). Localizado el Barrio Atarés—y haciendo alarde de su nombre en un montante ornamental de hierro sobre la puerta de entrada—este solar está compuesto por un conjunto de estructuras. Las mismas funcionan a modo de revestimiento interior en lotes que también incluyen viviendas más sofisticadas, con cara a la calle. Hacía el interior del complejo, varios espacios comunales compensan a su vez lo exiguo de las unidades de vivienda individuales. Poetas, pintores y compositores—sin descartar a antropólogos—han celebrado en su obra los valores de "la vida en solar". Las experiencias que este entorno propicia son vastas: incluyen el colectivismo forzado y el pluralismo, pero también la exaltación del individuo y la participación unipersonal.

Las *ciudadelas*, por otro lado, representan versiones más sofisticadas o elaboradas del solar. Evocativas por apelativo de antiguos recintos fortificados, las ciudadelas consisten de estructuras independientes que se insertan en el corazón de un bloque urbano, aisladas del entorno público de la ciudad, con fachada propia a pesar de su intención de ocultamiento. La Habana es generosa cuando de ciudadelas se trata y dos de sus más notables son El Alcázar, en el Barrio Cayo Hueso (página 151 arriba, página 164), y el Edificio Arcos, en El Vedado (página 151 abajo, página 158 arriba). El acceso a El Alcázar, más allá del encintado, es a través de un corredor que definen dos paredes ciegas. Son los muros de las residencias adyacentes, privilegiadas por beneficiarse de mayor exposición por su orientación hacia la calle. Su superficie en concreto simula piedra dispuesta en hiladas horizontales de ancho consistente. Donde termina el pasillo, se alza un frontispicio Art Deco, completamente independiente de las residencias que atrás quedaron, que sirve como marco de entrada a un patio reducido alrededor del cual está organizado El Alcázar. Un arrimadillo con azulejos propios del estilo *Spanish Revival* puntualiza el flujo a través del espacio, desempeñándose como base contínua desde la entrada hasta el fondo del lote. Un par de aleros dispuestos paralelamente uno al otro, se extienden

por todo lo largo del techo en el patio, reforzando el carácter longitudinal del espacio. Alrededor se agrupan doce unidades de vivienda. Cada morada disfruta de su propio jardín, éste a su vez adosado a la parte trasera de los patios de las residencias que, con cara a la calle, bordean el perímetro de la manzana.

En muchos sentidos, el Edificio Arcos emula a El Alcázar, pero la inmensidad de su escala lo diferencia significativamente de la ciudadela de Cayo Hueso. No hay comparable para el Arcos en el Caribe Hispano, que además de escondido, está sumergido. En afinidad con un castillo, la estructura se separa de la ciudad por una depresión topográfica a modo de foso sobre el cual se circula desde la calle a través de puentes en voladizo, pasarelas, escaleras y callejones. La mitad del volumen total del edificio yace bajo el nivel del encintado. Asediado por residencias unifamiliares de gusto burgués, culpables de mil y un crimen ornamental, el Edificio Arcos no se intimida. Por el contrario, integra una de las afirmaciones espaciales más notables de la arquitectura cubana, a pesar de su estilo frugal, si alguno. Tres estructuras de seis pisos cada una integran la totalidad del complejo, con dos enormes patios que son consecuencia de la topografía peculiar del sitio. En esta furnia, más de cien familias disfrutan de un hogar humilde, pero sentido como propio. A través de los años, la rotación de inquilinos ha sido insignificante, y pocas las mudanzas.

La ciudadela Arcos, aunque data de 1926, resume lo mejor que brinda la vivienda multifamiliar como tipología colectiva: destaca como prioridad los valores comunales ante los individuales; destaca necesidades de adaptabilidad de cualquier construcción a sitio y ciudad; endosa la sociabilidad mediante el resalte del entorno público; respalda como válido el crear una transición entre espacios privados y semiprivados; en fin, democratiza la vivienda sin sacrificar una expresión arquitectónica arrojada. Nada de lo antes expuesto enriquece los esfuerzos más recientes dedicados al desarrollo de la vivienda en La Habana. Por las últimas décadas, desafortunadamente, las buenas intenciones no han fomentado el buen diseño. Colmadas de elogios, y con razón, por razones de tipo social y político, los proyectos de vivienda eregidos por *microbrigadas* a través de programas de esfuerzo propio y buena vecindad, escogieron hacerse eco de modelos arquitectónicos que por largo tiempo el mundo entero ha considerado obsoletos: torres que favorecen el aislamiento, sin interés de mejorar la calidad del espacio urbano, desalentando toda posibilidad de un entorno público efectivo. Es lamentable que, a estas alturas en Cuba, las referencias importadas (en este caso, nociones divulgadas por el Movimiento Moderno en torno a la idea de "la ciudad en el parque") disfruten aún de preferencia incondicional sobre los precedentes arquitectónicos locales.[28] Las excepciones a esta omisión son escasas (página 158 centro y abajo). Retraída de las alucinaciones estilísticas de la clase alta, la extensa herencia finisecular de ejemplos de vivienda colectiva resulta más estimulante, y con mayores posibilidades, como legado espacial. Para quien quiera aprender de ellas, las casas de vecindad hablan un idioma arquitectónico rico, vital, y relevante, verdaderamente contemporáneo.

El alojo multifamiliar, moldeado por limitaciones conformes a la reglamentación urbana de fines de siglo, se hizo epítome de la moderación al diseñar, sin sacrificar la efectividad o espacialidad del producto final. El interés en construir a bajo costo hizo prescindible al ornamento, presagiando por ende, su abolición y eventual extinción. El pragmatismo dió pábulo a la creatividad, rezagada por la expresión cansada de las casas de la burguesía, donde el estilo, aunque domesticado, siempre pecó de desarraigado. La arquitectura que inspiran las apariencias—privada de su esencia—tuvo como destino final la inconsecuencia. ¡Cuán irónico que, en última instancia, la vanidad sea premiada con su invisibilidad!

Todo hogar, reconocemos, debe aspirar a más que mero habitáculo. José Lezama Lima, en uno de sus múltiples ensayos que honran La Habana, apunta: "Tener casa es tener un estilo para combatir el tiempo".[29] ¿Será porque los aposentos que tapiza el tiempo son siempre más dignos que aquellos sometidos a la pretensión? En la capital cubana, por décadas, muebles y objetos de uso diario han pedido asilo del calendario refugiándose en arquitectura de poca importancia aparente. Muy a menudo, un espacio interior funge como una excavación arqueológica, con cada pared testigo de mil y una estratas cronológicas: libros saliéndose por el techo, o desterrados por chucherías; plantas puestas sin propósito visible; y accesorios cuyo porte es producto del poco esfuerzo.

Cada aposento se sabe mapa de una vida. En La Habana, el espacio doméstico debe leerse como sumario de las añoranzas de un pueblo: con antecedente y aplomo ecléctico (página 12); en ocasiones arrastrado hacia el *avant-garde*, cuando no hechizado por lo tropical o inspirado por el modernismo, pero, a fin de cuentas, en abrazo perpetuo con la historia.

**Apetito de movimiento**

Las grandes ciudades del mundo se admiran por su longevidad, en reconocimiento a tres edades de que disfruta toda urbe: la real, la que aparenta, y la que siente que tiene. La primera es cronológica, la segunda seduce la mirada, y la última es cambiante y evanescente. Más allá de su forma física, pues, La Habana es tridimensional: vigorizada por edificios ávidos en revelar su fecha de nacimiento; perturbada por calles donde llaman la atención casas y cuerpos; agitada por creencias, las emociones o la intolerancia. Más veces de lo que imaginamos, todo lo que una ciudad recoge, queda plasmado en la silueta con que ella escoge proyectarse contra el cielo.

El perfil variado de la capital cubana—presencia constante contra el horizonte antillano—denuncia lo experimentado del asentamiento habanero. En las proximidades del edificio de El Capitolio, cúpulas, victorias aladas y linternas conmemoran la herencia finisecular de Cuba. Esta velada de convidados inmóviles honra ambiciones de tipo monumental, pero en el techo del Palacio del Segundo Cabo, los peones de un juego de ajedrez de piedra, endosan reiteradamente aquellos principios que propenden la igualdad absoluta (página 174 arriba). Al fondo, el faro en el fuerte de El Morro se disimula, sin disfraz, como miembro de esta comparsa pétrea, esperando junto a la bahía por un turno que aún no le llega. Sin esperanza real de relevo, estos pináculos son centinelas con líder propio.

No muy lejos se alza su figura, en el contorno esbelto y broncíneo de *La giraldilla* (página 174 abajo), dueña absoluta de la torre en control del Castillo de la Real Fuerza. Esta veleta con cuerpo de mujer, más que reto al viento, se precia de ser símbolo incontestable de La Habana. La

determinación y confianza de La giraldilla ante el futuro de Cuba—cruz en mano y brazos abiertos, arqueados en desafío—han sido atributos elogiados desde 1632. Su lealtad extendida, por ende, ha sido retribuida con fidelidad en gratitud.

En las antiguas ciudades caribeñas, sin embargo, un momento de respiro se disfruta mejor en las calles que en techo alguno, por hermoso que sea. El hecho se constata allí donde muchas casas se hacen compañía, ajenas al poder religioso y político que, por siglos, ha moldeado la vida de sus moradores. Puertas, balcones y tejas—lejos del influjo de toda construcción monumental—traducen la escala urbana a una escala más humana (página 209). Los voladizos resguardan, mientras barandales de encaje incitan; las rejas escudan (páginas 72–73), pero las puertas invitan. Los techos se desarman ante tanto capricho e, imitando el vaivén de las fachadas suben, se inclinan o allanan según su antojo (páginas 40–41). La Habana nunca colma su apetito de movimiento, saciado con halago en su iglesia catedral del siglo dieciocho, cuyo alzado cóncavo toma prestado del estilo barroco (páginas 68–69).

De hombros anchos y plegados en un abrazo, el templo culmina y protege una plaza adjunta, ágora de proporciones comedidas, pero hermosa. Flanqueada por dos torres (una robusta y la otra esbelta) la catedral gesticula con su cara en esfuerzo juguetón que—inadvertida, pero irremisiblemente—resulta sensual. Un espíritu menos exaltado, pero igual de pecaminoso adultera el interior de la iglesia, donde el desasosiego de curvas se inmoviliza bajo una araña de luces en la nave principal. Lámpara y superficies entrelazadas participan de un diálogo constante, mientras las paredes en marullo perpetuo bañan el espacio y, por fijar la arquitectura en su tiempo y estilo, revelan su edad.

Mientras los arcos ojivales que exhibe la catedral de La Habana tuvieron origen en La Edad Media, los dinteles orgánicos y columnas vegetales que copan las calles de la capital proclaman su linaje de tan solo un siglo. Su presencia es pronóstico, además, de esquinas redondeadas, tapias de hierro forjado y paños en cristal de colores—motivos muy propios del Art Nouveau—mano a mano con los arcos trifolios, en carpanel o por tranquil, frisos de flores y bajorrelieves. El estilo Art Nouveau, en eterno conflicto de ser moderno o tradicional, representa un hito en la historia de Cuba, recordado en palabras de nadie y todos como "aquellos tiempos en que con el dinero invertido en el azúcar cubano se financió y construyó el ensanche de Barcelona". Así se ha dicho por siempre, probablemente en reconocimiento de una verdad, pues no hay sombra que nuble el impacto vital que los nexos con Cataluña ejercieron en el perfil urbano de La Habana a fines de siglo. En aquel entonces, la sensibilidad y riquezas del Art Nouveau y el Beaux Arts se apoderaron de la capital de Cuba, coronándose las puertas con molduras orgánicas, curveándose pretiles y barandales, todo en competencia con festones y claves decoradas. Los ornamentos en cursivo conquistaron la pared como planicie (páginas 124–25). Todo fondo desapareció, arrasado por piedra natural y artificial, animado por azulejos geométricos y figurativos (páginas 192–93). Centenares de arrimadillos en La Habana fueron engalanados con losa a colores, presentándose, en primera instancia, como base baja que protege del sucio al muro. Hoy, estos zócalos enhebran cada suceso que acoge la acera, con lo acontecido a la sombra de un pórtico, hacién-

dose pareja de la brisa, casi llevando de la mano al que de un balcón penetra a un patio interior.

Injusto con todo lo frágil, el tiempo ha herido arcilla y brillo en un gran número de formas orgánicas que engendró el *fin de siècle* en La Habana. En cualquier parte del mundo preocuparía mucho a nadie que la moldura en banda de una puerta se vea interrumpida por el tiempo. En este enclave caribeño, por el contrario, la jamba ausente de un pórtico en la calle Mercaderes, hiere a una cigüeña lisiada cuyo apuro ignora, indiferente, su vecina gemela distraída (páginas 36–37). En el mismo edificio, y también lastimada, la parte inferior de la fachada fue sometida a una cirugía plástica para incorporar un portón rolladizo en metal, más apto para vender y distribuir víveres en un sitio donde el comercio fue siempre buen negocio. Un siglo atrás, este insistir en ensanchar la boca de todo local a nivel peatonal tuvo como aliado al hierro colado. Desde el siglo diecinueve considerado un material flexible, moderno, y de presencia discreta, el hierro pudo ser moldeado sin mayor problema por herreros cubanos hábiles. Su obra en columnas es presencia insistente, pero circunspecta, en las calles de La Habana, por lo que pasa, al día de hoy, casi desapercibida.

Empañadas por ser tantas, las diferencias establecidas por el tiempo, con el tiempo, se acostumbran unas a otras. Una casa de ricos, subsiguientemente se abre como lugar de trabajo del pueblo (página 45); un salón donde el estilo dio espaldas a la realidad, es sede inesperada de votos de fidelidad (página 51, páginas 62–63). Los usos renovados siempre avivan viejos escenarios: en la arquitectura, elasticidad y permanencia son recurso de supervivencia, hecho que no pocos olvidan. Sucede así, casi imperceptiblemente, en La Habana. Sin razón de ser, infectan la ciudad números demasiado grandes, que con su voracidad, trivializan el entorno público. Las cifras y las letras de tamaño descomunal tuvieron su momento de moda, pero hoy son percibidas como presencia elemental y obtrusiva—*passé*—en el contexto de las ciudades tradicionales. Después de todo, el despliegue de las direcciones no compete a los edificios, sino a los sobres o al papel de carta.

La huella del mundo moderno en La Habana, como es de esperarse, trasciende el ilusionismo breve de cualquier pared transformada en pizarra o *billboard*. Toda solución de moda ha sido siempre adoptada en interés de mejorar la calidad de la vida urbana. Cuba—no debe olvidarse—es epítome permanente de mil y un esfuerzos del Caribe por contemporizar, para acomodarse al gusto y dictámenes ajenos. Mucho antes que otras naciones tuviesen un tren, Cuba administraba su sistema de ferrocarriles. Décadas atrás, en busca de soluciones ágiles para incorporar el automóvil en áreas de alta densidad, los apartamentos habaneros fueron, con destreza, levantados del suelo un medio nivel, albergando los coches debajo, y permitiendo el desarrollo de la vida cívica sobre ellos y en la calle, pero sin ellos. Desde los años cincuenta, La Habana ha provisto soluciones logradas a lo que muchos rechazan como la amenaza del automóvil.

La impronta de la década del treinta es concurrentemente importante. Durante ella la urbe se educó en los escalonamientos, recesados y salientes del estilo que dominó el período, el Art Deco. Aún en sus versiones más tardías o diluidas (siempre atractivas), el Deco se caracterizó por ángulos agudos y superficies zigzagueantes, todos privilegiados en términos escultóricos por el ataque diario de la luz (páginas 162–63). Con un atractivo que es en gran medida producto de la integración formal de líneas rectas y curvas, en La Habana el Art Deco jamás se ha sentido fuera de sitio. Por el contrario, ejemplos imponentes del estilo han escogido aquí disfrutar de su retiro: El Alcázar, la ciudadela de Cayo Hueso; el Aparthotel, en la esquina de las calles ocho y dieciocho de El Vedado (página 190 abajo, página 194 arriba); el Edificio López Serrano en las calles L y Trece, también de Vedado; y el impresionante Edificio América, en la intersección de las vías Neptuno y Galiano. En El Alcázar, solo a la fachada tocaron detalles Deco, como es de esperarse. Tratándose de un edificio de vivienda colectiva, producto de la especulación urbana, la inversión en su decoración fue escueta. Acabados muy sofisticados, sin embargo, aparecen dentro y fuera del Aparthotel, complejo donde un par de edificios disímiles comparte una calle privada, configurada según la forma de la letra *L*. En este complejo multifamiliar, bajorrelieves sutiles trepan paredes y las culminan. A su vez, los pisos tienen terrazos geométricos con estera cromática cambiante: abundan el verde, el ocre y el azul, con juntas de bronce por frontera al color. Las lámparas originales, fiel al estilo, alumbran áreas públicas y privadas.

Todavía más elaborados—y exhibiendo mayor contraste—son los patrones que discretamente se revelan a todo el que convoca el vestíbulo del Edificio López Serrano, torre adepta al Deco como pocas, por adentro y por afuera. Cabe aclarar, sin embargo, que en Cuba el *Style Moderne* alcanzó su clímax en el América (página 194). Con influencia patente de los rascacielos norteamericanos, el Edificio América, corpulento y ambicioso, es una obra de proporciones y realización asombrosas. Hacia la calle, su volumen se articula para servir mejor a la escala del peatón, proeza que facilitan un amplio voladizo horizontal y la sombra espesa resultante, sobre los cuales explota un festival de verticalidad. Pero hay otras razones para alabar a este edificio, y tienen que ver con su vestíbulo principal y el teatro contiguo a éste. En el *foyer*, color y patrón de piso coexisten en eterna competencia, con franjas que, alternando el negro, exaltan la majestuosidad del pavimento exuberante de terrazo. En el Cine América—sin lugar a dudas el mejor conservado de los *morie palaces* en todo el Caribe Hispano—el piso del vestíbulo está ceñido por motivos zodiacales. Personajes y símbolos de la mitología celestial son dueños de este espacio, junto a las muchas esferas que son tema recurrente en barandas y antepechos, en los techos y en el arco del proscenio. En respaldo al tema de lo americano, navíos varios emergen de las paredes, hazaña que la luz se encarga de destacar con dramatismo. En el plafón de la sala, luminarias diminutas recrean un firmamento, bañando los componentes escultóricos del espacio con un tenue resplandor, recalcando la presencia de todo lo circular y esférico escondido por la oscuridad del auditorio.

Después de todo, en más de un lugar de La Habana se idolatra la redondez. Entre estructuras memorables por el manejo del círculo, el Hospital de Maternidad Obrera de Marianao, construida en 1940, ostenta un espacio principal que asemeja una espiral invertido (página 195). La ilusión se logra por medio de tres aperturas circulares de diámetro ascendente, solapadas a lo largo de un mismo eje. Otro ejemplo de más reciente

construcción, el Estadio Olímpico, debe gran parte de su dinamismo a la forma anular de su perímetro, configuración que adopta uno de los emblemas incuestionables de la arquitectura cubana, el antiguo Havana Hilton. El atrio del hotel lo conforma una perforación en el techo, como un enorme cilindro que talla el espacio en la entrada, derramando el reflejo de la luz solar en el espacio interior. Su torre alta y de aspecto ligero es una de muchas que ya temprano en la década del cincuenta habían cincelado un cielo moderno para la capital cubana. En aquel entonces, construcciones esbeltas, pioneras por su altura, se producían en grandes cantidades. Ninguna ha sido más ensalzada por su público que el Edificio Focsas, alto y altanero, con un restaurante en el último piso para servir de postre a La Habana desde el aire. Por su emplazamiento y ambición de altura, el menú principal del Focsas es eminentemente urbano: en el comedor, la vista oriental de la ciudad es plato principal, pero en la barra, el paisaje que se abre hacia el oeste se convierte en tema de obligado conversación.

Manteniendo curso hacia occidente, el perfil de La Habana se amilana en cuanto a su verticalidad, relajándose hasta alcanzar Cubanacán, donde la modernidad ha optado por recluirse bajo la protección de predios extensos de tierra y verde. Aquí la arquitectura se impone, pero el arte predomina, habiendo inspirado un conjunto de escuelas dedicadas a la pedagogía de campos creativos (página 198): la Escuela de Música, la Escuela de Ballet, la Escuela de Baile Moderno, y la Escuela de Bellas Artes o Artes Visuales. En este ámbito de contemplación casi idílica, cada disciplina está al corriente de las otras. Los varios edificios parecen licuarse a la topografía circundante, sin necesidad de camuflaje alguno, con bóvedas que, fingiendo ser techos, repiten los montículos y colinas con que no muy lejos ondea la naturaleza el terreno. Patios abiertos entrelazan los diversos complejos, con escalones, columnas y hasta desagües alternando funciones de terraplén. Cada espacio, más que un techo, tiene un toldo. No hay edificios como éstos en toda La Habana, tan desenfadadamente consagrados a lo telúrico. El apego a la tierra como ámbito natural nutre todo espacio y superficie en estas escuelas, particularmente en el patio preferido por los estudiantes de artes visuales, donde el rito y el ritual son ausencias presentes. Próxima a un árbol que repele la luz con su dosel de hojas, un plegamiento arcilloso del terreno asemeja ofrenda ceremonial primitiva que acoge con beneplácito el sol. Columnas, tragaluces y linternas niegan aquí nexos con estilo alguno. Un sentido de lo eterno prevalece. Gea, deidad griega poderosa, apreciaría la compañía de tanto aprendiz del arte que se pasea por el sitio. Encarnación mitológica de la madre tierra, se dice que Gea es deidad dada a nutrir todo joven ávido de aprender. Cuán apropiada su presencia en Cubanacán, donde forma y textura de paredes y planos recuerdan a cada estudiante de aquellas primeras épocas de albergue en la tierra, cuando el arte surgió como expresión genuina, pero también mágica, del ser humano.

Toda ciudad requiere espacios de veneración que compensen por sus más prolijos puestos de profanación, aún cuando lo sagrado nunca es salvaguarda contra la contaminación de arquitectura inconsecuente. Las construcciones irrespetuosas no han hecho excepción con La Habana. Por siglos, la capital ha asumido como obligación la responsabilidad de acoger una extendida clase

trabajadora que, aunque poco urbana, se ha visto forzada a vivir en ciudad. Sus escenarios no nos son nunca ajenos, si bien su estilo muta con los años: sitios poco animados donde se comprime la convivencia y cada detalle deprime, tiendas tristes donde la necesidad usurpó el antojo, construcción presuntuosa, pero cruda; y espacios abiertos por la desidia, de valores comunales poco efectivos. Es imposible forzar al azar una plaza, dondequiera ahora falta un edificio. Un espacio exento de arquitectura no se convierte, sin voluntad de diseño, en entorno público efectivo.

Corresponde a la actividad humana compensar por la falta de vida en cualquier ciudad. Siempre serán contraparte de la realidad, múltiples presencias: los barberos, que cortan lo que vuelve a crecer; los viejos, que contemplan sin saber qué creer; y los meseros, que servirán su mesa, intentando complacer. Pesos y pesas alternadas harán más llevadera la carga del día: un ajedrez, bien jugado, siempre reducirá el universo a un pie cuadrado. La vida humana expande y contrae la vivencia de la ciudad, experiencia que desde una gradería parece siempre agrandada.

Como atestiguan las múltiples facilidades deportivas de La Habana, piscinas y pistas reclaman gran tamaño y área en cualquier ciudad moderna (página 29 arriba y centro). Para el cubano—entre muchas queridas—cobran precedencia las gradas techadas de la Universidad de La Habana. Hundida respecto a su contorno, esta plataforma plegada y con asientos parece más bien arrellanarse en la concavidad natural de su predio. Sus columnas delgadas burlan cualquier obstrucción a la vista y—sin amilanarse ante el peso del techo—desprecian, con gracia, la gravedad. En sus inmediaciones, otros edificios universitarios, más formales, carecen del porte gallardo y desenvuelto que el idioma liviano, improvisado de las gradas exuda. Como portaestandartes del neoclasicismo en el campus, los edificios de uso académico, más serios, resultan guardia suizo de las expresiones más relajadas con que la naturaleza tienta a cada uno de ellos. En mirada a hurtadillas de las famosas escalinatas de la Universidad, los árboles parecen resueltos a hacer de la escalera un jardín (página 28 arriba).

La naturaleza se resiste constantemente a abdicar su territorio a la arquitectura en el Caribe. Consistentemente, la ciudad lo recuerda. Las pocas casas en madera que aún quedan, persisten en transportarnos a lo que fue un pasado preeminentemente rural (página 202 arriba). Patios trocados a huerto pagan tributo a la bondad del terruño, censores silentes de la actual (y ya acostumbrada) corrupción del pavimento a concreto (página 202 centro). Tiestos congregados sorprenden como un guiño inesperado, aunque agradable (página 202 abajo): "Y algo que es tierra, en nuestra carne, siente la humedad del jardín como un bálsamo". Por todos lados, la capital cubana parece receptiva y vulnerable al verde, hecho al que se le ha dado la espalda por demasiado tiempo. Motivados por precisar (es decir, probarle a otros) cómo las Antillas Mayores se consolidaron en cultura urbana, más de un investigador ha fallado en reconocer la obstinación de la región por retener algo de su pasado rural. ¿Podría ser que, por siglos, las Antillas han ofrecido resistencia al interés urbanizador del primer mundo? ¿Qué sólo por fuerza se rindieron a tales intenciones? De esta historia queda mucho por decir.

Si en La Habana la huella de natura cautiva, es la cicatriz del hombre la que todo aviva. Lo simpático de la ciudad es lo que en todas seduce: revelar la presencia de la vida, tal cual unos la aprovechan y otros la derrochan, pero que, en resumidas cuentas, todos acatan. Cualquier nación es capaz de reducir la existencia a un rayazo, pero es difícil que haga caso omiso, de un golpazo, de quienes, juntos, comparten metas y un pasado. Aquellos grupos que han sido decisivos para la historia de un pueblo, rara vez desvanecen sin reconocimiento, particularmente cuando la gloria de su participación ha quedado grabada en el paisaje. Del caudal de nacionalidades no hispanas que reclamaron su nicho en La Habana, dos hicieron sentir su huella más profunda: los judíos y los chinos. Ambos grupos, consolidados como comunidades integrales a la comunidad cubana, erigieron cementerios propios donde reunir con perpetuidad a su gente. La necrópolis judía en Guanabacoa (página 202 centro y abajo) es modesta, aún en el despliegue de un frontispicio de estilo colonial español, sin inspiración alguna del Medio Oriente. La única clave discriminatoria la proveen letras hebreas en el pedimento y una estrella de David en el tope. Dentro del precinto, las tumbas respiran poco y carecen de afectación alguna. La emoción ha preferido perpetuarse en textos que, porque hablan, no requieren comentario adicional: "En este lugar están enterradas varias pastillas de jabón hechas de grasas humanas hebreas, parte de las seis millones víctimas de la matanza nazi ocurrida en el siglo veinte. Paz a sus restos."

Los chinos, que reclaman un perfil de inmigrantes más obvio, construyeron su propio camposanto de forma más idiosincrática, adyacente al Cementerio de Colón, por su flanco oeste (página 206). Pórtico y sepulcros escogen hacer eco de la cultura oriental, siempre orgullosa de originalidad. La gran entrada toma prestado su vocabulario del arco monumental o *pai lou*, que en China era costumbre ubicar al frente de un palacio, tumba, o vía procesional. En las capillas sepulcrales el tejado obtiene su pendiente del *hsüanshan*, o montaña colgante. El misticismo y la grandeza unen aquí voluntades, sin refrenar la insistente presencia de la cultura occidental. También maleable, el vocabulario clásico, reclama aquí una columna, un friso allá y pedimentos por doquier, con frecuencia en compañía de una cruz cristiana. Para ser lugar de enterramientos, el cementerio chino de La Habana es más que fértil en contrastes culturales.

Pareos semejantes sorprenden aún más dentro de la ciudad misma, en varios bloques vecinos a la calle conocida por Zanja, donde corría un antiguo canal, que conforman el Barrio Chino De La Habana (páginas 30–33). Para la Primera Guerra Mundial, los inmigrantes de Asia en Cuba disfrutaban del apogeo económico relacionado a la industria del azúcar. Mercaderes ricos impactaban por su poder y presencia a los habaneros, seducidos igualmente por el teatro chino, las festividades nacionales y sus carnavales folklóricos. Elementos culturales y arquitectónicos de las más diversas fuentes armonizan en este barrio: una esquina moldeada al estilo finisecular enmarca un cine de más tarde fecha. La sala, a su vez, tiene una pagoda por entrada y máscara. Rotulación en chino se asoma a la acera, como vecina paralela de los guardavecinos, rejas que tradicionalmente han impedido en Cuba el acceso de un balcón a otro. El letrero del teatro no aspira ser más que decoración mínima, orlando arriba los aleros inclinados. Veintiséis mil signos, después de todo, no hacen

falta para comunicarse en chino. En cualquier sitio, un viejo grabado, o un par de faroles y rostros bastan para que la entrega de Cuba al Oriente sea total, aunque restos de su herencia europea se destaquen en un patrón de pisos, en zócalos en paredes y molduras en cielorrasos. Es difícil imaginar cuánto aspira a ser china La Habana.

O cuán japonesa ha llegado a sentirse. Hacia el oeste del Malecón, una isla de fantasía acuna las aspiraciones famélicas de un exotismo que jamás trascendió el capricho. La Isla Japonesa (páginas 116–17), destino que se alcanza por un puente pintoresco, es residuo de épocas en que el extranjerismo creía lograrse con maquillaje blanco y un kimono, agitando un parasol, o paseándose contra un fondo de rocas y caracoles, tallado artificialmente para conformar pabellones y grutas. Si el Barrio Chino puede ser considerado, sin vacilación, una ciudad en la ciudad, la Isla Japonesa es tan solo un escenario más del repertorio de La Habana.

Las ciudades que pueden darse el lujo de ser caprichosas, son a menudo alabadas por otras, y más nobles, aspiraciones urbanas. En el Caribe, La Habana sienta pauta. En la capital de Cuba se acoge la arbitrariedad, pero también se disciplina; y se endosa la variedad, sin sacrificar la continuidad. Esto inspira el legado urbano más contundente de La Habana: triunfar como gesto de consistencia, sin represalias a la espontaneidad. No es ésta proeza urbana insignificante—particularmente en el contexto antillano—donde la diversidad es comúnmente destacada como el rasgo característico y meritorio de la construcción en la región. En contraste con tales ideas, la arquitectura cubana celebra la coherencia. Como es de esperarse, algunos edificios se adhieren a tal festejo con vehemencia, pero sólo las arcadas de La Habana son, por derecho propio, la encarnación de la coherencia enriquecida por la diversificación.

Los pórticos o soportales se repiten a modo de eco en muchas calles, no precisamente de La Habana Vieja, pero sí en vecindarios que asumieron el crecimiento posterior del núcleo colonial: Cerro, San Carlos, Centro, Santos Suárez y otros. Las columnas que Carpentier encomia en sus escritos, más que mero soporte, integran una red de espacios peatonales que hilvanan una manzana con otra y a la ciudad. Las arcadas dan a edificios que—a pesar de diferencias en uso, escala o estilo—coinciden en relegar toda expresión de jerarquía en aras de la continuidad. Conjuntos de arcos, agrupados bajo dinteles variados compiten por atención, para a fin de cuentas apaciguarse ante la repetición. Una tras otra, fachadas avivadas por su propia melodía se entretejen en el paisaje urbano, bordeando al amplio tapiz columnar. Nada escapa al abrigo de los pórticos: ni las más sencillas estructuras en madera, ni el inmenso centro cívico, el Centro Gallego (páginas 88–89, página 187, páginas 212–13). Fustes, bases y capiteles se incrustan en cada pórtico: todos cohortes del espacio urbano, serpenteando con la calle, robándole suelo a la acera. Abovedados o abaldaquinados—y como tal, recurrencia menos generosa en otras ciudades cubanas—los pórticos rebasan la intención de mera decoración.

Además de organizar mil fachadas en hilera y en patrón, las arcadas protegen el espacio que contienen, aliviando del clima tropical, pero más importante, auspiciando una transición efectiva entre entorno público y ámbitos privados. Las arcadas escudan lo íntimo de aquello que es dominio público: disimulan la casa en la ciudad,

y enmarcan la ciudad para la casa. Alfombrada en columnas, la vida urbana parece acojinada por las arcadas. A lo largo del tiempo, los portales han nivelado toda discrepancia de puesto y gusto. Su uso temprano resultó altamente propicio: al día de hoy, las columnatas (segmentadas, agolpeadas, amansadas, dominadas o violadas) no sólo sirven, sino que resumen a La Habana. Ciudadanas de toda la vida, las columnas hacen de la magnificencia un evento diario en La Habana. Su presencia regia proclama el orgullo de un país convencido de su superioridad e importancia, en amor consigo mismo. Su latido constante—apropiado por puertas, plafones y pisos que al repetirse juegan al eco—expresa, con aceleración, la voluntad de Cuba para el trabajo y cualquier actividad vigorosa.

Las arcadas hacen de La Habana un paisaje armónico, aunque siempre dinámico: uno en el que elementos aparentemente dispares, asisten a la creación de una imagen urbana compuesta, más grande y rica. Gran parte de las inquietudes de la arquitectura cubana tienen a estas arcadas por crisol: superficies tanto planas como curvas se dan allí cita; espacios extrovertidos e introvertidos comunican su afecto mutuo; y, bajo su protección, la individualidad y la homogeneidad dócilmente ceden su hegemonía. ¿No es eso, a fin de cuentas, de lo que trata la vida urbana y a lo que aspira en su vida una ciudad?

No hay herencia urbana más noble que aquella que reconoce la totalidad que la integra. Y porque el tiempo ha negado tal privilegio a otras naciones caribeñas, La Habana permanece al día de hoy como guardián de un tesoro. En semejanza a la época temprana de la colonización—cuando el oro de México y Perú hacía escala forzada en la capital cubana—la ciudad hoy día se enorgullece del botín que con los años ha acumulado. Con muchas *a*es en el nombre para proclamar su femineidad, La Habana preside como matriarca de las Antillas y toda una región celebra.

Provista para cualquier eventualidad, no hay golpe que hiera mortalmente a La Habana. Aunque lamentada por muchos como mercancía arrojada al mar, nunca ha perdido la marca de la boya que permitiría su recuperación. Aún cuando el paso del tiempo ha devaluado muchas de sus joyas arquitectónicas, no hay ruina por la que pueda darse por perdida una ciudad completa. No todo lo que falta es medida justa de lo que hace falta, pues lo que trasciende, por definición, arrasa con cualquier cronología. Al difuminarse las fechas y nublarse la geografía, La Habana crece como ciudad de fronteras extendidas. Aislada en una isla, ella ha sabido hacer señas para que se le acerque el mundo. La historia podrá dar vueltas y hasta jugar con ella, pero el tiempo es eje y ancla que imposibilita apurar copa alguna para un brindis postrer en su honor; porque el banquete suntuoso de la ciudad, a este día, no conoce fin.

## Notas

### La ciudad por alquimia

1. Antonio Núñez Jiménez cuestiona a Carenas como primer poblado de lo que más tarde se conocería como La Habana. El autor sostiene que, para tal tiempo, los cronistas podrían haberse estado refiriendo a la localidad de Cojímar, adyacente geográficamente. Antonio Núñez Jiménez y Carlos Venegas Fornías, *La Habana* (Vitoria, España: Ediciones Cultura Hispánica, 1986), 13.

2. El son se hace popular hacia fines del siglo diecinueve y se distingue en la tradición musical popular hispana por su énfasis rítmico en la cuarta corchea en un compás de dos por cuatro.

3. Se dice que el origen de la danza puertorriqueña se remonta a España, Venezuela y Cuba. El merengue dominicano (y su versión haitiana, el *meringue*) tienen su origen en la tradición musical española de la época de la conquista. Ésta incorporaba aspectos del vals, la mazurca y la contradanza, cada género viéndose eventualmente modificado por la influencia negra. El advenimiento de la salsa como forma musical en el Lower East Side de Nueva York continúa siendo objeto de debate, por razones de su paternidad cubana o puertorriqueña.

4. La postura histórica de Weiss tiene su entronque en ideas e ideales decimonónicos relacionados al Positivismo, que permearon tardíamente en el Caribe. Los documentos oficiales son considerados por el autor fuente de información clave, mucho más confiable que los edificios mismos. Para Weiss, las razones arqueológicas para la existencia de un edificio resultan más relevantes que su particular configuración espacial. Haciendo eco de otros historiadores hispanos de la época, Weiss (que es arquitecto) subraya el carácter "humilde" de la arquitectura colonial de Cuba, casi excusando su naturaleza a la luz de lo limitado de las circunstancias locales. En adición, solicita a sus lectores evitar comparación alguna con la arquitectura de México y Perú, reconociendo que la cubana no supera a éstas, pero sí la de otras islas vecinas. Joaquín E. Weiss, *La arquitectura colonial cubana* (La Habana: Editorial Letras Cubanas, 1979), 2, 3.

5. Para estudios pertinentes, véase Colegio de Arquitectos de Puerto Rico, *Estudios de Planificación e Inventario para San Germán, Puerto Rico* (San Juan, 1983); idem, *Estudios de Planificación e Inventario para Mayagüez, Puerto Rico* (San Juan, 1984); idem, *Estudios de Planificación e Inventario para Ponce, Puerto Rico* (San Juan, 1985); Jorge Rigau, Andrés Mignucci y Emilio Martínez, *La arquitectura dominicana, 1890–1930* (San Juan: Puerto Rico AIA, 1990); Jorge Rigau y Juan Penabad, *Casas de Vecindad: Estudio sobre precedentes finiseculares de la vivienda colectiva en Puerto Rico desde una perspectiva comparativa caribeña* (San Juan: Oficina Estatal de Preservación Histórica, 1993).

Los frutos de la investigación urbana en Cuba y Puerto Rico son más abundantes que en la República Dominicana. Resultan de ayuda dos trabajos, a pesar de algunas limitaciones metodológicas: José Delmonte Soñé, Ricardo José Rodríguez Marchena y Martín Mercedes Fernández, "La época republicana en la arquitectura de Santo Domingo: Ciudad intramuros, 1844–1930" (tesis, Universidad Nacional Pedro Henríquez Ureña, 1988); también José Ramón Báez López-Penha, *Por qué Santo Domingo es así* (Santo Domingo: Sociedad Dominicana de Bibliófilos, 1992).

6. *Casinos* no eran casas de juego sino clubes sociales que promovieron actividades de recreación, atletismo y filantropía. Afiliación a los clubes en mayor parte dependió de prestigio social.

7. Alejo Carpentier y Paolo Gasparini, *La ciudad de las columnas* (Barcelona: Editorial Lumen, 1970), n.p.

8. Para una discusión amplia con ejemplos específicos de este sistema de techar, véase Joaquín Weiss, *Techos coloniales cubanos* (La Habana: Editorial Arte y Literatura, 1978).

9. Alejo Carpentier, *Conferencias* (La Habana: Editorial Letras Cubanas, 1987), 70; José Lezama Lima, *La Habana* (Madrid: Editorial Verbum, 1991); Guillermo Cabrera Infante, *La Habana para un Infante difunto* (Barcelona: Plaza & Janés, 1986); Reinaldo Arenas, *Antes que anochezca* (Barcelona: Tusquets, 1992).

10. Núñez Jiménez y Venegas Fornías, *La Habana*, 39.

11. Núñez Jiménez y Venegas Fornías, *La Habana*, 11, 12.

### El linezo voluptuoso del entorno

12. José Zapatero, *La fortaleza abaluartada en América* (San Juan: Instituto de Cultura Puertorriqueña, 1978).

13. Para un mayor desarrollo de este tema, véase Jorge Rigau, *Puerto Rico 1900* (Nueva York: Rizzoli, 1992), y Roberto Segre, *Historia de la arquitectura y el urbanismo en América Latina y Cuba* (La Habana: Facultad de Arquitectura, 1981), 180.

14. Debo a la arquitecta Emma Álvarez-Tabío Albo mi primera visita a La Tropical. Miembro del equipo a cargo de su rehabilitación, como parte del Plan Director de la Ciudad de La Habana, ella investigó la historia del lugar y en 1987 colaboró en el desarrollo de una propuesta para su conservación e integración a áreas verdes circundantes, con el propósito de entrelazarlas todas en un gran parque metropolitano.

15. Todos estos platos son representativos de la cucina regional de España, y todos eran popular a los reuniones de los descendientes ibéricos al Caribe Hispánico. Todos son todavía preparados en las casas y panaderías de La Habana.

16. El movimiento catalán que a fines de siglo se conoció por *modernisme* se asocia al Art Nouveau, pero no se limita a éste, abrazando aspectos múltiples del diseño relacionados al arte, la gráfica, la artesanía, el mobiliario y lo industrial. Para una explicación abarcadora, véanse Oriol Bohigas, *Reseña y catálogo de la arquitectura modernista* (Barcelona: Lumen, 1983), y Mireia Freixa, *El modernismo en España* (Madrid: Cátedra, 1986).

### Cada aposento se sabe mapa

17. La participación activa de Ferrara en la vida pública disfrutó del beneficio de la amistad con otro presidente, José Miguel Gómez. Inversionista del azúcar, Ferrara casi llegó a ser presidente-electo de Cuba, bajo el respaldo de Sumner Wells. Véase Hugh Thomas, *Cuba: The Pursuit of Freedom* (Nueva York: Harper & Row, 1971).

18. Emma Álvarez-Tabío Albo, *Vida, mansión y muerte de la burguesía cubana* (La Habana: Letras Cubanas, 1989). A este libro y su autora debo mis primeros acercamientos a El Vedado.

19. Como *tresse* se designan molduras pequeñas, planas o convexas, que se entrelazan o mezclan. Los *vinettes* son ornamentos en imitación de la vid, con hojas y racimos evocativos de la planta. Por *rinceau* se conocen diferentes tipos de bandas ondulantes con motivos vegetales. Un *guilloche* lo conforman una o más franjas trenzadas, con ornamentos circulares entre una y otra. Los *anthemions*, de origen griego, aparecen como un tipo de ornamentación contínua, de patrón inspirado en las madreselvas y los palmitos. Véase Cyril Harris, ed., *Historic Architecture Sourcebook* (Nueva York: McGraw-Hill, 1977), 21, 269, 457, 548, 566.

20. Las mamparas se reconocen como elemento arquitectónico característico de Cuba. En las residencias, estas *puertas bate y bate* satisfacían necesidades de privacidad y ventilación. Carpentier habla de ellas como puertas interiores capaces tanto de aislar, como integrar a sus usuarios. En las mamparas se reunían arcos ojivales, cristales opacos, y motivos florales o heráldicos, todos producto de la mejor artesanía cubana.

21. Las casas con sala y comedor a extremos opuestos de un pasillo (y cuartos adosados a éste) son presencia común en el Caribe Hispano. La sala casi siempre mira a la calle, mientras el comedor—cuya jerarquía muchas veces se acentúa por un zócalo, pinturas en las paredes y vitrales—mira hacia el patio trasero o jardín. Las plantas de esta tipología pueden ser simétricas o asimétricas, y tienen precedentes en la arquitectura victoriana y catalana.

22. Carlos Venegas Fornías, *La urbanización de las murallas: dependencia y modernidad* (La Habana: Letras Cubanas, 1990), 52.

23. Lillian Llanes, *Apuntes para una historia sobre los constructores cubanos* (La Habana: Letras Cubanas, 1985), 25, 26.

24. El tema de las diferentes nacionalidades que se han asentado en la Isla ha sido tratado por diversos autores. El proceso por el cual la población se triplicó lo explican Joaquín Rallo y Roberto Segre, *Introducción histórica a las estructuras territoriales y urbanas de Cuba, 1519–1959* (La Habana: Instituto Superior Politécnico José Antonio Echevarría, 1970), 96, 97. La inmigración española se aborda en Hugh Thomas, *Cuba* (Nueva York: Harper & Row, 1971), 497. La presencia de hatianos, jamaiquinos y gentes de otras islas próximas se discute en Manuel Moreno Fraginals, *La historia como arma y otros estudios sobre esclavos, ingenios y plantaciones* (Barcelona: Editorial Crítica, 1983), 102.

25. Marian M. George, *A Little Journey to Cuba and Porto Rico* (Chicago: A. Flanagan Company, 1901), 23; Robert T. Hill, *Cuba and Porto Rico with the Other Islands of the West Indies* (Nueva York, Century Co., 1898), 117; Robert P. Porter, *Industrial Cuba: Being a Study of Present Commercial and Industrial Conditions, with Suggestions as to the Opportunities Presented in the Island for American Capital, Enterprise and Labour* (Nueva York: Knickerbocker Press, 1899), 157, 170–71.

26. Cabrera Infante, *La Habana para un Infante difunto*, 10.

27. Para comprender lo que esta experiencia representó en Nueva York, véase Richard Plunz, *A History of Housing in New York City: Dwelling Type and Social Change in the American Metropolis* (Nueva York: Columbia University Press, 1990), 15. Para la República Dominicana, y específicamente Santo Domingo, se explican procesos afines en Delmonte Soñé, Rodríguez Marchena y Mercedes Fernández, "La época republicana", 492, 531–32; también Báez López-Penha, *Por qué Santo Domingo es así*, 176. La ilegalidad de construcciones en el interior o fondo de bloques urbanos en Puerto Rico se constata en reglamentación del Municipio de Guayama, Puerto Rico, *Ordenanzas sobre construcciones y división de zonas urbanas* (Guayama: Tip. Cervony Gely & Co., 1911), 9.

28. No debe ello sorprender, dada la abundancia en la Isla de buena arquitectura inspirada en el Movimiento Moderno. Heraldo de las ideas de avanzada del siglo veinte, La Habana cuenta con un caudal de edificios modernos distinguidos. Desafortunadamente, su ubicación dispersa hace difícil su apreciación conjunta.

29. Lezama Lima, *La Habana* (Madrid: Verbum, 1991), 221.